DANS LA MÊME COLLECTION

Disponibles chez votre libraire ou à la maison d'édition.

---

*Si vous désirez recevoir le catalogue de nos parutions,
il vous suffit d'écrire à la maison d'édition
mentionnant vos nom et adresse.*

Y A-T-IL UN HOMME DANS CE FOYER?

ISBN: 2-920000-68-3

Dr. Charles F. Stanley

y a-t-il un
HOMME
dans ce foyer?

Les Éditions «Un Monde Différent» Ltée
1875 Panama, Local B
Brossard, Québec, Canada
J4W 2S8

Table des matières

Préface

Rien ne peut remplacer l'amour et la sollicitude d'un homme pour sa famille. Personne ne peut vous remplacer auprès de votre famille.

Le premier homme a été formé par la main de Dieu. Il doit la vie au souffle de Dieu. Après que Dieu eût créé Adam et Ève, Il leur donna trois commandements: qu'ils gouvernent la terre, qu'ils se reproduisent et qu'ils soient fidèles l'un à l'autre. Ils ne pouvaient respecter l'un ou l'autre de ces commandements sans être touchés dans leur corps, dans leur âme, dans leur esprit et dans leurs émotions.

La touche d'un homme bon est à la fois fer et velours. Il touche sa famille par son intégrité, son labeur, son amour, son autorité, par son ministère auprès d'eux et aussi par ses besoins personnels.

Si vous faites preuve de compassion et d'amour envers votre famille, votre épouse et vos enfants vous le rendront bien. Ils vous donneront jour après jour ce qu'une famille donne à l'homme qui joue le rôle du délégué du Christ auprès d'elle.

Sur le chemin de la vie, nous avons tous quelque chose à apprendre pour nous rapprocher de ceux que nous aimons.

Et nous, les hommes, nous pouvons être certains que Dieu nous guide sur ce chemin car c'est Sa volonté que nous faisons auprès de notre famille.

1

L'homme véritable

Dans l'intimité de mon bureau de pasteur, j'entendis une plainte qui me lança dans l'aventure visant à redonner aux hommes leur place au soleil. Une dame célibataire qui fait partie de ma congrégation vint à mon bureau; elle se sentait seule, frustrée et avait la larme à l'oeil. Elle venait d'avoir trente ans, mais elle ne voyait devant elle qu'une longue solitude. Je ne mis pas de temps à m'apercevoir que, pour elle, l'idée du bonheur était reliée au mariage.

Après avoir écouté ses raisons de croire qu'elle devrait se marier bientôt, je lui posai la question suivante: «Quel genre d'homme recherchez-vous exactement?» Sans hésiter un seul instant, elle s'exclama: «Un homme complet!» Je la félicitai de son choix de mots, mais je me demandais si elle avait en tête la contrepartie masculine de la *femme complète*? Aussi lui demandai-je: «Qu'entendez-vous par homme complet? Essayez de me décrire l'homme que vous voudriez pour compagnon de vie.» Trente minutes plus tard, elle avait fait sa description: celle d'une race d'homme qui n'existe que dans l'imagination d'une jeune fille.

L'homme idéal

Depuis ce jour-là, j'ai posé à un grand nombre de femmes la même question qu'à la jeune dame dans mon bureau, mais leur réponse m'a toujours semblé insatisfaisante. Les femmes voient l'homme idéal comme un homme d'affaires en santé, fort même, bien mis et ayant bonne apparence, rempli de dynamisme, fiable et responsable.

Il s'intéresse à tout et excelle en tout. Il n'aime qu'une seule femme mais les séduit toutes par son charme. Et qui plus est, il est un super leader spirituel dans son foyer. Avez-vous déjà vu quelqu'un qui réponde à cette description? Consolez-vous, mon ami, car aucune femme non plus n'a jamais vu pareil homme. D'ailleurs, cette image est très loin de celle de l'homme vraiment complet.

Qu'est-ce qu'un homme complet? Un homme complet, c'est celui qui comprend et accepte sa responsabilité quant au développement de son potentiel mental, émotif et spirituel et qui le prouve par son attitude et ses actions dans sa vie personnelle, sa vie familiale, sa vie professionnelle, sa vie sociale et sa vie spirituelle. Maintenant, relisez cette définition en pensant à vous et en mettant l'accent sur les mots *comprend, accepte sa responsabilité, développement* et *prouve.*

Être un homme complet ne dépend pas des antécédents, du talent, du degré d'instruction, des aptitudes ou des succès antérieurs. Ça ne dépend pas non plus de l'apparence physique, de la taille, de la forme du corps ou de l'âge. Si ces qualités-là étaient des critères, la plupart d'entre nous seraient éliminés. L'homme complet n'est pas non plus celui qui réussit à atteindre son but à un certain moment donné. Il est plutôt un homme en marche, en évolution, en devenir. Il suit la voie que Dieu lui a tracée, comme Il en a tracée une pour chaque être humain. Pour connaître ce que Dieu, notre Créateur, a voulu pour nous, il nous faut lire Sa révélation, la

Parole de Dieu. Jetons donc un rapide coup d'oeil sur le premier homme parfait créé par Dieu.

La création d'Adam

D'après la Genèse 1;26, Dieu créa Adam pour Lui-même, pour Sa propre gloire et non celle de l'homme. Dieu dit: *Faisons l'homme à notre image et à notre ressemblance.* Dieu n'aurait pas pu faire à l'homme un plus grand honneur que celui de le créer semblable à Lui. L'homme est le couronnement de la création de Dieu. Il faut donc reconnaître que nous avons été créés pour Dieu, ainsi qu'à son image et à sa ressemblance.

Nous remplissons notre éternelle destinée quand notre vie honore Dieu et reflète Sa gloire. Rien ne fait plus plaisir à un père humain que d'entendre dire: «Ce garçon vous ressemble comme deux gouttes d'eau et il a les mêmes manières que vous.» Dieu, notre Père divin, prend plaisir à voir Ses fils spirituels refléter Son caractère.

Les commandemants de Dieu donnés à Adam

Après que Dieu eût créé Adam, Il lui donna trois ordres. D'abord, Adam devait régner sur les poissons de la mer, sur les oiseaux des cieux et sur toute la terre (Gen. 1;26). Le domaine d'Adam était le Paradis terrestre, un lieu parfait pour un homme parfait accompagné de son épouse parfaite.

Ensuite, Adam devait se reproduire. Dieu demanda au premier couple de fructifier, de se multiplier, de remplir la terre et de la soumettre (1;28). L'homme devait enfanter des enfants qui, comme lui, devaient glorifier Dieu.

Le troisième ordre que Dieu donna à Adam fut celui-ci: *C'est pourquoi l'homme quitte son père et sa mère pour s'attacher à sa femme, et ils ne font plus qu'une seule chair* (2;24). Ainsi, l'épouse d'un homme doit être au premier rang des relations terrestres de celui-ci. Comme Dieu n'a pas rappelé ces ordres, l'homme est encore responsable de régner sur la terre, de créer des enfants à l'image de Dieu et d'être fidèle à son épouse.

La plupart des psychologues s'accordent à dire que chaque être humain est le produit du foyer dans lequel il a grandi. Bien des gens pensent que notre condition dépend des traumatismes du passé, mais il n'en reste pas moins que c'est l'ambiance générale de notre foyer qui oriente et structure notre vie.

Dans mes consultations en tant que pasteur, je pose toujours la question suivante: «Comment décririez-vous votre vie à la maison paternelle quand vous étiez enfant?» Il est très rare, pour ne pas dire jamais, qu'on me réponde en relatant un seul incident; on se laisse plutôt aller à décrire les sentiments reliés aux souvenirs de cette période. On utilise souvent des mots comme *critique, négativité, voix forte, insensibilité, froideur* ou *indifférence.* Chaque famille a son ambiance propre et celle-ci est faite de la combinaison des humeurs et des modes d'expression de tous ses membres. Mais, bien que chaque membre de la famille apporte sa contribution à l'ambiance générale de la famille, il est certain que le père et la mère sont ceux qui influencent le plus cette ambiance, même quand ils ne sont pas là.

Constitution d'Adam

La Bible dit: *Le Seigneur Dieu forma l'homme avec la poussière du sol, et il lui inspira dans la narine un souffle de vie et l'homme devint un être vivant* (Gen. 2;7). Le premier homme créé par Dieu l'a été avec de la poussière, de la nature de celle qui vole au vent. Cette réalité devrait être méditée par les mâles orgueilleux!

Dieu a aussi donné à l'homme un souffle de vie; ainsi, la poussière dont il l'avait créé a pris une valeur éternelle. À partir d'une poignée de poussière, Dieu a fait une âme vivante, pas seulement une chair et un sang mortels mais aussi une vie reliée à la réalité invisible.

Les deux premiers chapitres de la Genèse décrivent l'homme tel que Dieu a voulu qu'il soit; son image est évidemment différente de l'image type que s'en fait la femme. Dieu a mis dans une enveloppe de poussière une âme ayant la capacité de penser, de régner sur un domaine, d'aimer une épouse et d'élever des enfants. L'homme a une âme qui lui permet de ressentir les besoins et les désirs de ses compagnons. Il a une volonté qui lui permet de faire les bons choix dans son rôle de chef de famille. Il a la capacité de déceler les besoins des membres de sa famille autant que les siens. Sa conscience est un guide lui permettant de marcher sur les traces de son Créateur.

Le premier homme créé par Dieu n'était ni un saint ni le contraire d'un saint; il était innocent. Sa condition en était une de sainteté inutilisée, et Adam a été le seul homme qui ait jamais connu cet état. Tous les hommes nés après lui sont enclins au mal. Nous devons vivre chaque jour avec cette nature charnelle, mais Dieu nous a donné victoire sur elle. L'innocence que l'homme a perdue au Paradis terrestre - et qui lui a fait perdre sa qualité d'homme complet - nous est offerte en Jésus-Christ, le Fils parfait de Dieu.

Un homme peut bien avoir un corps parfait mais si ses émotions, son esprit et sa volonté ne sont pas contrôlés par l'Esprit-Saint, il ne pourra pas jouer le rôle de mari et de père que Dieu lui confie. Dieu a voulu non seulement que nous maîtrisions notre environnement matériel mais aussi que nous ayons des relations harmonieuses avec les autres êtres humains. L'homme est doté d'un esprit qui lui permet de communiquer avec son Créateur. Tout homme dont le corps, l'âme et l'esprit ne sont pas mis au service de Dieu est fatalement handicapé et il ne peut même pas songer à devenir un bon mari et un bon père de famille. Aucune somme d'argent ne pourra non plus compenser l'absence de l'Esprit de Dieu dans sa vie.

Le droit d'Adam

Adam avait le droit, et l'obligation, de réclamer de Dieu sa dépendance totale. *Le Seigneur dit: Je vous donne toute herbe portant semence sur toute la surface de la terre, ainsi que tous les arbres fruitiers portant semence; ce sera votre nourriture. À toutes les bêtes de la terre, à tous les oiseaux des cieux, et à tout être qui rampe sur le sol, pourvu de souffle de vie, je donne toute herbe verte pour nourriture. Et il en fut ainsi* (Gen. 1;29-30).

C'est là la promesse que Dieu a faite à l'homme concernant sa nourriture. Dieu Se déclara comme la source de tous les besoins du premier homme. Son lieu d'habitation, l'utopique Paradis, était un cadeau de Dieu. Tout ce qui s'y trouvait était varié et abondant. La beauté y était omniprésente. L'homme devait dépendre totalement de Dieu.

Ainsi en est-il de l'homme nouveau, même s'il croupit dans les marais. Dieu veut que nous dépendions de Lui pour tous nos besoins. N'hésitons pas à enseigner à nos enfants la vérité exprimée dans l'épître aux Philippiens (4;19): *Selon sa richesse, mon Dieu pourvoira avec magnificence à tous nos besoins, en Jésus-Christ.* Ce que Dieu a fait pour le premier homme, Il le fera de nouveau pour nous, malgré notre environnement pollué.

Adam avait le droit de réclamer de Dieu non seulement sa nourriture mais aussi la direction de sa vie. Voici ce que dit la Bible: *Le Seigneur Dieu prit l'homme et le plaça dans le jardin d'Éden pour le cultiver et le garder. Il lui donna cet ordre: «Tu peux manger du fruit de tous les arbres du jardin; mais le fruit de l'arbre de la connaissance du bien et du mal, tu n'en mangeras pas, car le jour où tu en mangerais, tu mourrais certainement.»* (Gen. 2;15-17.)

Que serait votre foyer si vous considériez Dieu comme la source de tout bien? Si vous faisiez de Lui le divin directeur de votre famille? Si nous, les maris et les pères de famille, pouvions nous voir comme les instruments par lesquels Dieu veut accorder à notre famille Son assistance et Ses bienfaits, nous verrions des foyers remplis de paix, d'harmonie et de bonheur comme nous n'en avons jamais vu. Si chacun de nous savait ce que Dieu a voulu pour Adam et prenait conscience qu'Il veut la même chose pour lui, il serait déjà en bonne voie de devenir un homme complet.

Dieu donne une compagne à Adam

Celui qui pense que Dieu n'a rien créé d'incomplet se trompe. Après avoir créé Adam, Dieu posta son regard sur Sa créature parfaite et Il vit chez lui un manque, sans que ce soit pour autant un défaut. Ce manque, c'était une femme.

Le Seigneur Dieu dit: «Il n'est pas bon que l'homme soit seul; je vais lui faire une aide qui lui soit assortie.» (Gen. 2;18.) Adam avait besoin de quelqu'un avec qui il partagerait tout ce que Dieu avait mis en lui et autour de lui. Il avait besoin de quelqu'un à aimer. Adam avait été créé à l'image de Dieu et il possédait une innocence non encore éprouvée, ce qui faisait de lui un homme parfait; cependant, il lui manquait un autre être humain pour partager sa vie. C'est pourquoi *de cette côte qu'll avait enlevée à l'homme, le Seigneur Dieu fit une femme, qu'll amena près de l'homme* (Gen. 2;22). Seulement alors le Seigneur put-il déclarer Son entière création «bonne».

L'Écriture dit qu'une épouse est une faveur reçue du Seigneur (Prov. 18;22). Si vous êtes célibataire et que vous cherchiez une épouse, prenez soin de choisir celle que Dieu vous réserve en cadeau. Certains hommes croient qu'ils ont en main le cadeau qui était destiné à un autre. D'autres sont certains qu'ils n'ont eu aucun cadeau. Dieu n'a pas voulu que le mariage soit ainsi, car Il tient à ce que chaque conjoint soit un cadeau pour l'autre. Le mari doit considérer sa partenaire, qui qu'elle soit, comme un don de Dieu destiné à le compléter et non à l'*achever.*

Dans les foyers où il n'y a pas d'harmonie, on assiste à une guerre des esprits dans laquelle chaque participant tient à remporter la victoire. Dieu a donné une épouse à Adam afin de le compléter et non pour lui faire concurrence. Celui qui reçoit un don doit montrer de la gratitude et ne pas se préoccuper du don lui-même.

L'Écriture dit aussi que Dieu a donné à Adam une femme qui était une partie de lui-même; elle venait de son côté. L'apôtre Paul dit que le mari devrait aimer sa femme comme il aime son propre corps, et quel est l'homme qui n'aime pas sa propre chair? (Éph. 5;28-29.) Lors de votre mariage, vous avez promis de prendre et de garder votre épouse pour le meilleur et pour le pire, jusqu'à ce que mort s'ensuive (si vous avez fait les serments traditionnels). Ces promesses ont été faites non seulement devant vos amis mais aussi en présence de Dieu et elles sont inscrites dans les annales célestes.

Dieu vous a donné un esprit, une volonté et une conscience pour vous permettre de prendre les bonnes décisions. Ainsi, vous êtes responsable de vos décisions, bonnes ou mauvaises. Si votre vie est incomplète, ce n'est pas la faute de Dieu. Même si vous avez mal choisi votre partenaire conjugale, elle n'en reste pas moins une partie de vous-même. La consommation physique de votre mariage a fait de vous deux une même chair, et lorsque vous êtes divisés par la séparation, chacun de vous se sent déchiré.

Dieu veut que l'époux ait la même relation avec son épouse qu'Adam avait avec Ève. Le premier homme était une partie de son épouse et elle, une partie de lui. Notre problème vient du fait que l'image biblique de l'homme n'est pas claire à nos yeux. Je suis une partie de la femme que j'ai épousée. Mon épouse est une partie de l'homme qu'elle a épousé. Si vous ne voulez pas vivre comme une partie de la femme que vous avez épousée, votre attitude a besoin d'être changée car vous *faites partie* d'elle et vous êtes responsable d'elle devant Dieu.

L'*incompatibilité* entre conjoints est une excuse inacceptable aux yeux de Dieu. Une différence de personnalité n'est pas une raison pour diviser ce que Dieu a uni. Et pourtant, bien des couples invoquent cette raison polie pour demander le divorce.

Que veut dire le mot incompatibilité? Bien des gens affirment simplement ceci: «Nous ne nous aimons pas.» Voici ce que dit l'Écriture: *C'est pourquoi l'homme quitte son père et sa mère pour s'attacher à sa femme; et ils ne font plus qu'une chair* (Gen. 2;24). Nous voyons donc que Dieu n'a pas voulu le divorce et la séparation pour Adam et ses descendants.

De nos jours, le divorce est devenu une question délicate. Bien des gens dont le coeur a été brisé par le tourment du divorce ne prendraient pas la même décision si c'était à refaire. Quant à Dieu, son seul désir est que l'homme et la femme soient ensemble pour toujours.

Le chemin du mariage est parsemé d'épreuves qui risquent de vous déchirer et de vous séparer. Dans l'esprit de Dieu, les liens du mariage doivent être tissés si étroitement que rien ne puisse les dénouer. Je ne le dirai jamais assez à ceux qui ne sont pas encore mariés: le divorce est l'un des événements les plus tragiques de la vie. Donc, avant de choisir votre partenaire, réfléchissez bien afin de recevoir le cadeau que Dieu vous réserve à vous.

Le mot qui traduit le mieux l'attitude que le mari doit avoir envers son épouse est *sollicitude.* Demandez à n'importe quelle épouse ce qu'elle attend de son mari par-dessus tout et elle vous répondra probablement ceci: «Je veux seulement qu'il prenne soin de moi.»

Le mot *sollicitude* dit beaucoup plus que le mot *amour* parce que ce dernier a perdu son sens originel. Pour un mari envers son épouse, avoir de la *sollicitude* veut dire: «Quels que soient tes besoins, ils me préoccupent et je vais m'efforcer de les satisfaire.» Cette phrase résume le désir que Dieu portait dans son coeur pour le premier homme qu'Il a créé. Lorsque Dieu dit à Adam: *Attache-toi à elle,* Il voulait qu'il se sépare de toute autre personne si nécessaire, mais qu'il ne se sépare pas d'Ève, car l'épouse fait partie intégrante de son mari.

Il existe bien des opinions différentes concernant les responsabilités de l'homme et de la femme. Certains pensent que le mariage implique un partage égal des responsabilités.

Mais la Bible affirme que *l'homme* est responsable de son foyer (I Cor. 11;3). Le mari est l'autorité, ou le chef, de son épouse. Comment doit-il exercer cette autorité? Avec une sollicitude pleine de tendresse et d'amour (Éph. 5;23-25, 28-29).

Restriction faite à Adam

Dieu dit à Adam: «...mais le fruit de l'arbre de la connaissance du bien et du mal, tu n'en mangeras pas, car le jour où tu en mangerais, tu mourrais certainement.» (Gen. 2;17.) Dieu avait fourni à Adam tout ce dont il avait besoin mais, dans le Paradis terrestre, il est une chose dont Adam n'avait pas besoin et c'est l'arbre de la connaissance du bien et du mal. Toute la beauté du Paradis lui était destinée mais cet arbre lui était interdit. Nous savons tous ce qui arriva. Satan intervint, Ève mangea le fruit défendu et l'homme tomba dans le péché (Gen. 3).

Quel est le message de ce récit pour les pères de famille? Ce récit leur enseigne clairement qu'ils doivent éviter certaines choses. Il existe certaines activités auxquelles leur famille ne doit pas s'adonner. Avec les restrictions qui s'imposent, elle doit s'en tenir à ce qui produit la joie, la productivité et la croissance.

Dieu veut nous protéger de l'affreuse douleur qui résulte de la connaissance et de l'expérience du mal. Certains pères de famille diront: «Il faut bien que nous apprenions d'une façon ou d'une autre.» La Bible nous enseigne que le père de famille est là pour aider les siens à éviter les expériences qui pourraient les induire en erreur ou les faire tomber dans le péché, ce qui leur occasionnerait des souffrances et causerait leur perte. Bien qu'il ne puisse pas éviter complètement la souffrance à sa famille, le père n'en est pas moins responsable de lui fixer des normes morales.

Le conflit d'Adam

Adam et Ève formaient un couple heureux. Ce fut le seul couple à connaître le *ciel sur la terre.* Ils vivaient dans un état d'innocence et de béatitude et ne connaissaient pas le péché. Ils pouvaient faire tout ce qu'ils voulaient, et tout ce qu'ils faisaient plaisait à Dieu.

Le conflit familial d'Adam et Ève éclata lorsqu'une troisième personne, Satan, entra frauduleusement en scène. D'après la conversation qu'Ève eut avec Satan, Adam l'avait apparemment enjointe à ne pas manger du fruit de l'arbre planté au milieu du Jardin et elle avait compris que cela était un ordre de Dieu. Le chapitre 3 de la Genèse expose la stratégie de Satan: il posa sans cesse à Ève des questions qui laissaient entendre que Dieu ne lui avait pas dit toute la vérité.

Les conflits familiaux surgissent dès que nous commençons à douter de la véracité de la parole de Dieu ou à remettre en question Ses restrictions et Ses commandements. Lorsqu'un parent ou un enfant dévie de la ligne tracée par Dieu pour la famille à laquelle il appartient, un conflit éclate immédiatement au sein de cette famille. Dieu avait commandé à Adam d'être le maître de son domaine mais par la faute d'Ève, qui passa outre aux ordres de son mari, le malheur s'abattit sur eux.

La conversation qui eut lieu entre Adam et Ève après la victoire de Satan montre bien le puissant ascendant de la femme sur l'homme. Satan dut *persuader* Ève de désobéir à Dieu, mais elle n'eut qu'une simple suggestion à faire à Adam pour causer sa chute: «Prends une bouchée.»

La femme doit être d'autant plus prudente qu'elle a une grande influence sur son mari, et celle qui abuse de cette influence regrettera d'avoir manipulé son mari. La femme peut arriver à ses fins mauvaises si elle est assez intelligente ou assez maligne ou assez anti-chrétienne pour le faire, mais rarement sera-t-elle satisfaite des résultats de sa manipulation.

Bien des femmes savent exactement quoi faire pour obtenir ce qu'elles désirent: elles savent comment s'habiller, quoi dire, quoi donner, comment agir et où aller. La femme qui abuse du pouvoir reçu de Dieu ressentira la même douleur qu'Ève, celle qui a acquis la connaissance du mal et qui a perdu le don de l'innocence. Ève a pris sa direction de la mauvaise source. Son autorité, c'était son mari, mais elle a écouté un ennemi, Satan. En conséquence, elle a reçu la récompense du diable: la désillusion et la mort.

Trois effets de la chute

Dans chaque conflit familial, il y a un perdant. Après leur faute, Adam et Ève ont tous les deux perdu leur domicile paradisiaque. *Le Seigneur l'expulsa du jardin d'Éden, pour qu'il cultivât la terre d'où il avait été tiré* (Gen. 3;23-24). Ainsi, l'homme, créé à l'image de Dieu et doté de toutes les facultés requises pour rendre sa vie complète, fut chassé du Paradis et condamné aux *travaux forcés* dans un monde jonché de ronces.

Adam et Ève ont aussi perdu l'harmonie entre eux. Quand l'harmonie, le soutien mutuel et les buts communs ont disparu, que reste-t-il de valable? Rien au monde n'est aussi bon qu'une famille dont les membres vivent en harmonie constante et rien n'est aussi désagréable qu'un foyer où il n'y a ni harmonie, ni amour, ni joie.

La troisième chose qu'Adam a perdue a été son honneur en tant que chef de famille. Son refus d'accepter Dieu comme l'autorité fidèle et responsable de sa famille enferma celle-ci dans un climat de haine et de conflit qui causa la mort d'un de ses fils et entraîna l'autre dans une vie de peur et de culpabilité.

Caïn et Abel grandirent en dehors du Paradis terrestre, là où leur père dut gagner sa vie à la sueur de son front, tourmenté par la nature de pécheur qu'il avait endossée en désobéissant à Dieu. Si nous n'habituons pas notre famille à obéir à Dieu, elle sera contaminée par un climat spirituel empoisonné qui amènera les enfants à manquer de respect à l'autorité, tant celle de Dieu que la nôtre. Notre désobéissance d'aujourd'hui pourrait bien entraîner la rébellion de nos enfants, demain.

Adam n'avait aucun problème avant que sa femme ne tombe dans le piège du diable. Il était en contact permanent avec Dieu et jouissait de la vie dans le jardin d'Éden avec Ève et les animaux. Le malheur envahit cependant sa maison dès qu'il négligea de protéger son épouse contre leur ennemi, et le désastre s'ensuivit.

Tous les problèmes qui affectent la vie familiale ont à leur source la même cause: la violation d'un principe spirituel. La faiblesse spirituelle d'un foyer le rend vulnérable; c'est pourquoi le chef du foyer a tant besoin de l'arme spirituelle que Dieu lui offre.

Adam avait tout ce qu'il fallait pour vivre sa perfection de premier homme créé par Dieu, mais il négligea de protéger Ève contre le mal. Ainsi, l'homme dont le ménage est un échec ne réussira pas vraiment dans aucun autre domaine.

Par ailleurs, celui qui a la main haute sur son foyer manifeste les qualités de l'homme complet, tel que Dieu le veut.

Rappelez-vous que l'homme complet comprend et accepte de bon coeur de développer son potentiel mental, émotif et spirituel et il le prouve par son attitude et par ses actes, que ce soit dans sa vie privée, dans sa vie familiale, dans sa vie sociale ou spirituelle.

En tant que mari, comment vous situez-vous par rapport à cet idéal? Êtes-vous prêt à vous améliorer? Si oui, je suis avec vous.

2

Une main de fer
dans un gant de velours

De moins en moins aujourd'hui peut-on dire «tel père, tel fils», car la société pousse autant l'un que l'autre à avoir des intérêts et des convictions de plus en plus opposés. Pendant la guerre du Vietnam, par exemple, les fils d'âge universitaire du secrétaire national à la Défense, du chef du personnel de l'Armée, du secrétaire de l'Armée et du secrétaire de la Marine étaient tous opposés aux efforts de guerre de leur père respectif. On peut facilement imaginer l'embarras ainsi causé à ces pères de famille et les tragédies que cette situation pouvait engendrer.

Qui dont est à blâmer pour l'effondrement de la famille? Les causes sont multiples mais je crois que nous, les hommes, devons en assumer la responsabilité. Certains hommes prétendent être le chef de leur famille mais leur comportement prouve le contraire; d'autres esquivent complètement la responsabilité que Dieu leur a confiée. Dans un cas comme dans l'autre, le résultat est le même: la désintégration de la famille. Si les fondations de la société actuelle craquent, c'est parce que nos foyers se détériorent.

Un psychiatre britannique a avoué avoir déjà cru que le problème majeur de la famille américaine était imputable à l'épouse dominatrice qui tentait de jouer le rôle du mari. Plus tard, il s'aperçut qu'elle voulait non seulement plus de pouvoir, mais qu'elle désirait prendre le pouvoir avant que l'homme n'ait complètement ruiné la civilisation. Que nous acceptions ou non cette opinion, nous sommes forcés d'admettre que la famille américaine va très mal.

L'homme responsable

L'Ancien et le Nouveau Testament nous montrent que Dieu a donné à Adam le mandat de gouverner son domaine. Bien des hommes semblent ignorer qu'ils sont toujours responsables de leur famille, qu'ils y exercent ou non leur autorité. Dans bien des familles, l'épouse agressive a pris en main la direction de la maison, laissant à son mari insouciant un simple rôle de spectateur. Voyant cela, les enfants, qui sont loin d'être bêtes, prennent exemple sur elle et relèguent le père de plus en plus loin à l'arrière-plan. À la surprise de tous, cet arrangement engendre toutes sortes de problèmes.

Les enfants sont désobéissants et irrespectueux. La mère est anxieuse et frustrée et elle est chargée de soucis interminables. Le budget familial est souvent enchevêtré ou en désordre. L'agitation règne dans la maison et la communication entre les membres de la famille est pratiquement inexistante. Si, d'aventure, l'épouse dirigeante parvient à éviter ces problèmes grâce à ses talents d'administratrice, l'avenir lui réserve souvent d'autres maladies.

Que dira l'épouse dominatrice lorsque son époux ne montrera plus aucun intérêt pour les décisions majeures de la famille qui ont été retirées de ses mains? Ou très peu d'intérêt même à l'égard de sa femme qui a fait preuve d'une si grande autonomie?

Et que fera-t-elle lorsque ses enfants montreront des signes de confusion quant à leur rôle en tant que garçon ou fille, mari ou femme, père ou mère? Un des effets tragiques de la domination maternelle au foyer est la déviation sexuelle. Les garçons et les filles qui grandissent dans un foyer où les rôles sont inversés refusent inconsciemment de s'identifier au modèle naturel convenant à leur sexe. Aujourd'hui, les homosexuels sont tellement nombreux et la société est tellement incertaine des valeurs morales que même les pasteurs homosexuels réclament que leur préférence sexuelle soit reconnue comme normale et comme un mode de vie distinct. L'Amérique n'a-t-elle jamais entendu parler de Sodome?

Samuel Liebowitz, longtemps juge de la cour criminelle à New York, répétait sans cesse ce conseil aux parents: «Si les mères de famille comprenaient qu'il est important pour elles de cultiver l'image du père chez leurs enfants, elles auraient la grande satisfaction de les voir bien tourner.» Ce juge expérimenté avançait que le simple principe suivant réduirait la délinquance juvénile: «Remettez le père à la tête de la famille.»

Le sociologue Gibson Winter fait l'observation suivante: «Nous avons tendance aujourd'hui à prétendre que nous pouvons éliminer l'autorité du mari sur l'épouse et conserver quand même l'autorité père-mère sur les enfants. La Bible est plus réaliste que l'homme moderne sur la question du mariage car la vérité, c'est qu'en désobéissant à une hiérarchie, nous détruisons l'autre.»

Quand une entreprise fait faillite, c'est son directeur qui est tenu responsable et non l'homme qui travaille sur la chaîne de montage. En leur qualité de chefs de foyer, les maris et les pères de famille sont responsables de l'état de leur foyer, qu'il soit bon, mauvais ou entre les deux. Vous, les maris, qui avez la charge de diriger votre maison, comment vous acquittez-vous de votre tâche? Partout autour de vous, nous voyons des foyers brisés, des divorcés désillusionnés et des enfants solitaires. Dans bien des cas, la cause est imputable aux hommes qui ont refusé de diriger leur maison.

Si vous n'êtes pas à la tête d'une maison ordonnée, vous pouvez quand même redevenir le chef de votre foyer et le mari que Dieu a voulu que vous soyez.

L'écrivain Carl Sandburg a décrit Abraham Lincoln comme un homme ayant *une main de fer dans un gant de velours.* Aucune autre expression ne peut mieux décrire le genre d'homme que Dieu veut que vous soyez. Dans l'Ancien Testament, nous voyons que les hommes dont Dieu s'est grandement servi étaient de cette trempe-là.

L'homme à la main de fer

L'homme ferme, à la main de fer, est un homme *engagé.* En tant que mari et père de famille, il est voué à trois tâches: faire vivre sa famille, la protéger contre tout ce qui pourrait nuire à l'esprit, au corps ou à l'âme de ses membres, et l'orienter dans la direction de la volonté de Dieu.

Quand on demanda à William Booth, l'intrépide pionner de l'Armée du Salut, le secret de sa réussite, il répondit: «Depuis le jour où j'ai pris les pauvres de Londres dans mon coeur et où j'ai vu ce que Jésus pouvait faire avec eux, j'ai compris que Dieu pouvait utiliser toute ma personne à leur service.»

Booth ne négligea pas sa famille pour autant. Ses enfants marchèrent si bien dans ses traces que le biographe Edith Deen écrivit à son sujet: «Aucune autre famille dans la récente histoire chrétienne n'a servi avec autant de diligence les pauvres et les déchets de la société, les prisonniers et les voyous, apportant à chacun le ministère de guérison du Christ.»

Deuxièmement, l'homme ferme est un homme de *conviction*. Il fait respecter ses convictions personnelles. Il étudie la Bible et il sait non seulement ce à quoi il croit mais pourquoi il y croit. Un des sérieux problèmes de la famille actuelle, c'est que le père ne possède pas suffisamment sa foi pour pouvoir l'enseigner à ses enfants. Nombreux sont ceux qui admettent avoir très peu étudié la Bible. Ils s'en excusent en disant qu'«ils n'ont jamais été bien portés sur l'étude».

Quel employé, à qui son employeur demanderait de lire un manuel d'instructions, lui répondrait: «Désolé, mais je n'ai jamais été un grand lecteur»? L'homme ferme découvre quelles sont ses responsabilités et il agit en conséquence. Le père de famille ne peut pas s'attendre à ce que ses enfants grandissent avec de solides convictions spirituelles s'il ne les leur apprend pas lui-même.

Une troisième qualité propre à l'homme ferme est le *courage.* Combien de fils et de filles côtoient un père mou et indécis à la maison. L'enfant qui demande conseil à son père devrait recevoir une réponse même si elle ne le satisfait pas. Andrew Carnegie disait: «Être populaire est facile; être juste, même en étant impopulaire, est noble.» Dans certaines occasions, le père doit dire à sa famille: «Ce n'est *pas* ce que nous ferons.» L'homme qui craint de changer les plans de sa famille a déjà bouleversé celle-ci par son indécision.

L'enfant ne demande pas mieux que d'avoir un père courageux. Imaginez le garçon qui dirait à ses amis: «Mon père n'a peur de rien» et qui verrait ce dernier reculer devant une décision à prendre concernant la famille. Mieux vaut pour le chef de famille de prendre de mauvaises décisions que de ne pas en prendre du tout.

Quatrièmement, l'homme ferme a du *caractère.* C'est un homme intègre à qui on peut faire confiance car ses paroles concordent avec ses actes. Sa pureté morale l'amène à appartenir à une seule femme. Il est honnête. Le fils d'un tel homme dira de son père: «J'espère devenir un père comme cela.» Sa fille dira: «J'espère épouser un homme comme lui.»

L'homme ferme est masculin, pas efféminé. Dieu a fait une distinction très nette entre l'homme et la femme. *Il créa le mâle et la femelle.* (Gen. 1;27.) Il n'a pas voulu que l'homme et la femme aient la même allure, la même façon d'agir et la même façon de s'habiller pour minimiser les différences entre eux. Si nous sommes francs, nous admettrons notre préférence pour les femmes féminines. Être masculin signifie parler comme un homme, marcher comme un homme, penser comme un homme et agir comme un homme. C'est ainsi que Dieu a créé l'homme.

L'homme ferme est *constructif:* il essaie de construire les autres, surtout les membres de sa famille. Il passe du temps avec son épouse et ses enfants. Il monte son entreprise. Il essaie d'amener de nouveaux fidèles à l'église, quelle qu'y soit sa fonction. L'homme ferme se voit comme le constructeur de la société, de son foyer et de son église.

J'ai une question à poser aux pères de famille: quand vous entrez à la maison après une dure journée de travail, est-ce que vous traversez la maison sans dire un mot, après avoir claqué la porte derrière vous? Si oui, vous avez une attitude destructrice. Bien des pères de famille détruisent leur foyer, non pas tant par leurs paroles que par leur attitude. Ce qu'ils ne font pas causent autant de tort que ce qu'ils font. Le père entêté, dur de dur et obstiné, qui est décidé à n'en faire qu'à sa tête et qui n'a jamais de temps pour ses enfants est froid comme du marbre et est loin d'être une bonne nature.

L'homme qui construit son foyer connaît ses besoins et il s'efforce de les combler. La Bible nous demande d'orienter soigneusement chacun de nos enfants dans la direction qui *lui* appartient: *Enseigne à l'enfant la voie qu'il doit suivre; même devenu vieux, il ne s'en écartera pas* (Prov. 22;6). Les enfants sont tous différents les uns des autres; par conséquent, ils ne peuvent pas être traités de la même façon. Nous devons éduquer chaque enfant d'après le tempérament et les qualités qu'il a reçus de Dieu. Celui qui est conscient d'avoir à construire sa famille prend la peine de découvrir comment pense son enfant et pourquoi il réagit comme il le fait à tel ou tel âge. Il cherche à comprendre son épouse et à savoir le pourquoi de ses actes. Diriger une famille demande toute une vie d'étude et de compréhension.

Une autre qualité importante de l'homme ferme est la *confiance.* Ce qui ne veut pas dire l'arrogance. L'homme ferme a, avant tout, confiance en Dieu. Il a confiance que le Père céleste est son Dieu et son Souverain, son Pourvoyeur, son Protecteur et son Guide. Il croit que Dieu est présent en lui et qu'Il guide sa vie. Il tient son assurance du seul fait que le Christ soit en lui et lui dans le Christ, par qui il peut faire tout ce que Dieu lui demande. Il croit à l'amour de sa famille. L'homme ferme sait où il s'en va et il est convaincu que Dieu va l'aider à y arriver. Il tient à ce que chaque membre de sa famille découvre les desseins de Dieu sur lui, comme le dit l'épître aux Romains (8;28): *Nous savons que toutes choses concourent au bien de ceux qui aiment Dieu, de ceux qui sont élus selon le dessein qu'Il s'est proposé.*

Un dernier point au sujet de l'homme ferme: sa vie est *réglée* et tourne autour de l'obéissance à Dieu. Sous la direction de Dieu, il accorde ses pensées sur les Siennes. Il contrôle ses émotions afin de ressentir ce que Dieu veut qu'il ressente. Il est maître de son corps et il l'offre à Dieu comme un sacrifice vivant. À moins de souffrir de débilité, tous les maris et les pères se doivent d'être présents à leur famille avec un corps et un esprit sains et avec un coeur à la bonne place. L'homme ferme prend les moyens pour se garder en excellente santé physique. Conscient que sa famille dépend de lui, il ne veut lui causer aucun tort par une satisfaction égoïste de ses appétits.

Si vous dites: «Je me fends en quatre parce que je crois à tout cela», félicitations! Mais la partie n'est pas gagnée pour autant. Voyons comment se comporte la deuxième moitié de l'homme complet: l'homme de velours.

L'homme au gant de velours

En dépit des qualités qui font de lui un homme ferme, celui qui n'a pas la douceur est invivable. Le fer n'est pas un métal qui invite au confort ou à la caresse; pour des relations humaines agréables, il faut y ajouter la chaleur, la sensibilité, la sollicitude.

La sollicitude ne se démontre pas seulement en apportant sa paye à la maison, ou en fournissant un toit aux siens, en leur achetant des beaux vêtements et des autos sports. Rien de tout cela ne montre votre sollicitude pour votre famille. Celui qui a de la sollicitude pour les siens se donne à eux, prend de son temps pour eux. Combien de fois avez-vous pris votre épouse dans vos bras tandis que votre esprit était ailleurs? Nous avons tous fait cela, peut-être sans penser que cette façon d'agir trahissait notre manque de sollicitude.

Les nôtres ont besoin de savoir que nous nous préoccupons d'eux. Je connais des familles pauvres et pourtant très heureuses parce que les enfants sont convaincus que leur père est un champion, même s'il a un revenu plus bas que tous les autres pères de famille de l'entourage. Il leur dit «je vous aime» non pas tant par ce qu'il leur donne que par la préoccupation qu'il a de leur bien-être. La sollicitude s'exprime de bien des façons: par une poignée de mains, une parole douce, un mot d'encouragement ou par un simple coup de fil.

La deuxième qualité de l'homme doux est la *considération* qu'il a envers autrui: il prend le temps de découvrir les besoins des autres.

Dans une église où j'avais été invité à prendre la parole, une jeune universitaire vint me demander si elle pouvait s'entretenir avec moi pendant quelques minutes: «J'ai grandi, me dit-elle, dans une famille où mon père nous donnait tout ce dont nous avions besoin. Il est bon chrétien et il dirige bien la maison, mais il ne sait pas montrer de la considération à ses enfants. Il a la réponse à toutes nos questions même avant que nous les posions, et lorsque je lui demande un conseil, j'ai droit à un discours volcanique qui a pour but de m'expliquer ce que je devrais faire ou ne pas faire. Tout ce que je voudrais de mon père, c'est qu'il me laisse lui exprimer ce que je ressens, mais il ne m'en donne pas la chance.»

Comme je comptais voir le père de cette jeune fille dans un proche avenir, je lui demandai la permission de lui faire part de ses sentiments à son égard. Elle me l'accorda tout en me prévenant qu'elle n'était pas certaine de pouvoir affronter les conséquences.

Quand je demandai à cet homme des nouvelles de sa fille, il me répondit que tout «allait pour le mieux» pour elle. «En es-tu bien sûr?», lui demandai-je. Ma question piqua sa curiosité.

«Comme nous sommes de vieux amis, je n'irai pas par quatre chemins, lui dis-je. Ta fille ne va pas bien du tout.» Là-dessus, je lui répétai ce qu'elle m'avait confié.

Il eut d'abord une réaction défensive à laquelle je m'opposai en lui disant: «Un instant. Tu penses être sûr de ton coup, mais si ta fille sent que tu ne l'écoutes pas ou que tu n'as aucune considération pour elle, ce que tu crois n'a aucune importance puisqu'elle ne sait pas que tu l'aimes.»

Nous avons beau penser beaucoup de bien de nous-même, tout ça ne sert à rien si notre épouse et nos enfants *ne sentent pas* que nous avons de la considération pour eux. Si vous croyez que les demandes de votre famille sont exagérées, vous devez trouver le moyen de les ramener à un niveau acceptable pour tous. Cependant, les causes de ce problème sont d'habitude très profondes: elles viennent souvent du fait que des besoins fondamentaux n'ont pas été satisfaits. L'enfant qui a reçu de l'attention, de l'affection et de la considération n'est pas enclin à l'agressivité.

Un moyen très sûr de montrer votre sollicitude et votre considération pour votre enfant, c'est de prendre quelques minutes à chaque soir pour lui demander: «Comment ça va? Raconte-moi ce qui est arrivé aujourd'hui», et ensuite de l'*écouter*. Montrez à votre enfant que vous vous souciez de lui. Développez votre intuition. Quand votre épouse ne parle pas, vous savez que quelque chose ne va pas. Les choses ne sont pas différentes pour votre enfant: quand il rentre de l'école en chahutant et en frappant à droite et à gauche avant de s'enfermer dans sa chambre (soit qu'il ait raté un examen ou que tout soit allé de travers ce jour-là), quelle est votre réaction? Si vous avez le goût de le réprimander, rappelez-vous que cela ne satisferait pas son besoin. Se pourrait-il que sa journée à l'école ait ressemblé à la vôtre au travail? Si vous vous faisiez réprimander, vous sentiriez-vous mieux après?

Nous devons garder à l'esprit que nos enfants ont des émotions eux aussi. Un enfant de dix, onze ou douze ans sera bouleversé s'il croit avoir été victime d'une injustice. Le réprimander à ce moment-là ne ferait qu'accroître sa colère. C'est plutôt le moment de lui dire: «Dis-moi ce qui est arrivé. Quelqu'un t'a-t-il maltraité? Qu'est-ce que je peux faire pour toi?» Rien ne calme plus un enfant que de voir son père se soucier de ce qui lui arrive. L'homme au coeur doux et tendre prend le temps d'écouter, et il sait que ce n'est pas tant la durée que la qualité du temps qu'il donne qui est importante.

La troisième qualité de l'homme doux est son *esprit de collaboration*. Il y a des moments où chaque membre de la famille veut faire une activité qui ne vous tente guère et pour laquelle on sollicite votre participation. Chez moi, nous tenons des assemblées. Comme je suis le chef, c'est moi qui ai le dernier mot; néanmoins, nous prenons le vote et je tiens compte de l'opinion des autres. Si je suis battu sur un sujet qui entraînerait une violation de principe, je renverse le résultat du vote. Mais, si c'est seulement mon goût personnel qui est en jeu, je cède alors au désir de ma famille.

Même si un homme est ferme, il n'a pas besoin de dominer; au contraire, son sens de la coopération vient équilibrer la fermeté de son autorité. Aucune femme n'aime se blottir contre un rocher, et aucun enfant n'aime jouer avec un caillou. La rugosité du rocher est repoussante, tandis que le velours apaise et détend. La femme admire la force chez l'homme, mais elle préfère le velours de sa douceur. La coopération est faite de gentillesse et de compassion. Elle se plie au désir d'autrui, tandis que le fer, lui, ne plie pas, il casse. Bien des familles ont à leur tête un coeur de pierre au lieu d'un homme à la fois ferme et doux. L'homme à la fois ferme et doux sait bien que l'autorité n'est pas faite que de cran et bravoure, aussi a-t-il le don de céder et de donner un sourire au bon moment.

Tout homme intelligent accepte d'être manipulé quand cela ne porte pas à conséquence. Si vous êtes tellement dur que vous refusez de plier, vous passez à côté de l'une des plus grandes joies de la vie. Tous les enfants aiment bien penser qu'ils ont le meilleur de leur père, une fois de temps à autre. L'amoureux, la mère, le fils ou la fille ont besoin qu'on satisfasse leurs désirs profonds à l'occasion. L'homme coopératif fait des concessions, jamais contre les bons principes, mais simplement pour plaire. Il connaît la différence qui existe entre coopération et compromis.

L'homme doux est un *communicateur.* La plupart des hommes peuvent communiquer mieux avec leurs collègues de travail de sexe masculin qu'avec leur épouse. Cette difficulté tient peut-être du fait qu'ils connaissent tous les détails concernant leur travail mais sont peu initiés au langage des relations humaines, ce qui explique leur mutisme avec leur épouse.

Bien des femmes me demandent: «Comment puis-je arriver à faire parler mon mari?» Je suis parfois tenté de répondre: «Taisez-vous pendant dix minutes», mais je sais ce qu'elles veulent dire. Parfois l'homme n'a rien à dire, parfois il est trop fatigué pour parler, mais l'homme doux fera les efforts nécessaires pour maintenir la communication vivante.

Mon fils m'a déjà donné une vraie leçon en matière de communication. Comme nous bavardions en nous rendant ensemble à l'église à bicyclette un mercredi soir, il s'arrêta net au milieu d'une phrase pour me dire: «Papa, tu ne m'écoutes pas.» Je dus admettre qu'il avait raison. Mon esprit était déjà rendu à l'église et mon fils m'a fait remarquer que je ne l'écoutais pas.

Communiquer ne veut pas seulement dire parler; cela veut dire aussi écouter attentivement. En tant qu'homme doux, vous devrez écouter bien des choses que vous ne tenez pas particulièrement à entendre. Vous devrez penser ceci: «Je suis ouvert à toi, car je me soucie de ton opinion.» Une famille a besoin d'un père et d'un mari dont les oreilles sont ouvertes. Peut-être ne comprend-il pas tout ou ne prend-il pas tout au sérieux, mais au moins il écoute, au moins son coeur est ouvert. Si vos enfants vous ont déjà dit: «Papa, tu ne m'écoute pas» et ont fait demi-tour, quelque chose de sérieux ne va pas chez vous, côté douceur.

L'homme doux *se conduit* aussi comme un gentilhomme. J'ai vu des maris dire et faire des choses qui sont loin d'être dignes d'un gentilhomme. Peut-être cette attitude chez eux reflète-t-elle le manque général de courtoisie qui gâche toute notre vie actuelle en société. Par exemple, quand une femme entre dans une pièce où il n'y a plus de siège pour s'asseoir, rares sont les hommes qui vont lui offrir le leur. Aujourd'hui, bien des femmes tondent le gazon, lavent l'auto, peinturent la maison et réparent même la chaudière à mazout. S'il n'y a pas d'homme à la maison ou si la femme aime faire ces tâches-là, c'est compréhensible. Sinon, le mari doit agir en gentilhomme, c'est-à-dire qu'il doit voir sa femme comme quelqu'un de très spécial et veiller à ne pas lui laisser faire n'importe quoi. La Bible dit que Dieu a créé l'homme plus fort que la femme. Dans certains pays, les femmes travaillent dans la rue avec des outils mécaniques et escaladent de hauts échafauds pour aller peinturer des gratte-ciel. Voulez-vous que votre épouse travaille comme elles?

Notre conception de la féminité et de la masculinité et des différences entre les deux est en train de devenir très déformée. Si les femmes veulent faire des gros travaux, les hommes vont probablement les laisser faire, mais je ne pense pas qu'un mari soit justifié de demander à son épouse de faire des *travaux d'hommes.* Quand une femme se sent obligée de faire des travaux difficiles, elle peut l'accomplir de ses mains pendant que son coeur se rebelle. En même temps qu'elle tond votre gazon à bout de bras, votre épouse peut fort bien salir votre réputation dans sa tête. Donc, puisque Dieu a créé la femme féminine, l'homme ferme et doux doit veiller à ne pas trop exiger de son épouse.

L'homme doux peut même *pleurer,* démontrant ainsi sa compassion et sa tendresse. Jésus, l'Homme parfait, n'a-t-il pas lui-même pleuré? Devant le spectacle navrant offert par le monde actuel, il est permis de pleurer. L'eau qui coule sur la face du roc de Gibraltar ne l'altère pas, elle le lave.

Abe Lincoln, *l'homme à la main de fer dans un gant de velours* a déjà dit: «Il n'y a qu'un seul moyen d'amener un enfant à prendre la bonne direction: c'est de la prendre soi-même.»

3

Plus qu'un bon pourvoyeur

L e mari américain moyen admettra peut-être qu'il n'est pas le citoyen idéal ni le mari romantique que sa femme souhaite, mais il proclamera bien haut qu'il est *un bon pourvoyeur pour sa famille*. Il entend par là qu'il travaille fort pour lui procurer tous les biens matériels. Il est fort probable qu'il ne se soit jamais posé la question suivante: «De quoi ma famille a-t-elle le plus besoin?»

Par un soir d'Halloween, un adolescent conduisant une coûteuse auto sport lança un oeuf sur ma maison. Comme je l'avais vu faire et que je n'aime pas particulièrement les omelettes avec les écailles, je donnai à la police la description de son auto. Quelques minutes plus tard, un agent amena le coupable devant ma maison et son père vint nous rejoindre. Ce dernier se mit à réprimander son fils pour son mauvais coup et pour l'embarras dans lequel il avait mis sa famille. Ensuite, il prononça cette phrase que je n'oublierai jamais: «Mon fils, je t'ai donné tout ce dont tu avais besoin et à peu près tout ce que tu désirais, et maintenant regarde-toi.»

Voilà un père de plus qui était exaspéré et embarrassé de voir que tout l'argent que lui avait coûté son fils n'avait pas réussi à lui enseigner la bienséance et le respect d'autrui.

Trois besoins dépendent du père: les besoins matériels, les besoins émotifs et les besoins spirituels. Montrons d'abord l'origine de cette responsabilité.

Puisque Adam et Ève devaient envisager un nouveau mode de vie en dehors du Jardin, Dieu dit à Ève: *ton mari dominera sur toi* (Gen. 3;16). Cette autorité d'Adam était accompagné d'une responsabilité: Adam et ses descendants mâles devaient répondre devant Dieu du soin de leur épouse et de leurs enfants. Et ce ne devait pas être facile: *C'est à la sueur de ton visage que tu mangeras le pain,* dit-Il à Adam (Gen. 3;19). Voilà quel a été le plan de Dieu depuis le début.

La responsabilité des disciples de Jésus est aussi claire pour eux qu'elle l'était pour Adam. *Quelqu'un qui ne prend pas soin des siens, surtout de ceux de sa propre famille, est un renégat, pire qu'un infidèle,* écrit saint Paul (I Tim. 5;8). Même ceux qui haïssent Dieu acceptent volontiers cette responsabilité fondamentale, déclare l'apôtre.

Prendre soin de sa famille n'apporte pas que des peines et des misères, bien sûr. Dieu sait que l'homme a besoin d'un défi pour jouir de la vie et pour mûrir. Adam devait vivre dans un environnement rempli de mauvaises herbes, de chardons, d'épines et d'animaux sauvages et affronter un climat varié qui mettait à l'épreuve sa force et son ingéniosité. Cette lutte dans son milieu a forcé Adam à grandir en tant qu'homme. Depuis ce jour, les maris et les pères de famille sont poussés par les exigences de la vie quotidienne à exercer une autorité responsable.

Besoins matériels

L'un des besoins matériels qu'il nous incombe de satisfaire est la nourriture. Les gens qui viennent chez moi et qui voient les nombreux contenants de vitamines et de minéraux sur la commode se demandent peut-être si nous sommes des *maniaques de la santé.* La question aujourd'hui n'est pas tant de savoir si nous achetons assez de nourriture mais si nous achetons la bonne qualité de nourriture. Avec les aliments actuels à préparation rapide et au goût parfait, nos repas ont perdu de leur valeur nutritive. Nous ne pouvons plus prendre pour acquis que notre alimentation est saine sous prétexte qu'elle a bon goût et qu'elle est variée. Heureusement que nous pouvons compter sur une multitude de livres et de suppléments alimentaires pour nous aider à bien nous nourrir.

Le vêtement constitue un deuxième besoin matériel. Les vôtres n'ont pas besoin d'être mieux habillés que les enfants de vos amis, mais des vêtements sobres et convenables seront l'indice qu'ils respectent leur corps. Un abri raisonnable est nécessaire aussi, de même qu'un moyen de transport adapté à notre société en mouvement.

Sécurité émotive

L'homme complet prend sur lui toute la responsabilité de la satisfaction des besoins de sa famille. Parmi les trois besoins essentiels de la famille, les biens matériels sont les moins importants et pourtant bien des maris ne vont pas plus loin. À l'occasion d'enquêtes concernant les questions familiales, j'ai posé la question suivante à bon nombre de femmes: «Qu'est-ce qui, chez vous, est essentiel pour vous permettre de satisfaire vos besoins émotifs?» Presque toutes les femmes ont répondu sans hésitation: la sécurité. Messieurs les maris, vous devez procurer la sécurité émotive non seulement à votre épouse mais aussi à vos enfants.

La sécurité dont on parle ici n'est pas synonyme de gros salaire, de belle maison et d'auto de l'année. Les femmes m'avouent souvent: «Je ne demande pas le luxe, ce que je veux par-dessus tout, c'est mon mari. Je veux quelqu'un qui partage sa vie avec moi.»

La sécurité est le sentiment engendré par la conviction que quelqu'un se soucie de nous et s'intéresse à nous. La sécurité grandit lorsque le mari fait cet aveu sincère à son épouse: «J'ai besoin de toi pour résoudre cette difficulté.»

Rien ne peut remplacer la sécurité dans la vie d'une femme et cette sécurité lui vient du dévouement, de la fiabilité et de la stabilité de son mari. La femme qui ne peut pas se fier à la parole et aux actes de son mari ne peut pas se donner à lui comme il le voudrait et, malgré sa sécurité matérielle complète, elle souffre d'insécurité émotive.

Un autre besoin émotif est celui de l'amour et de l'affection. Comment un homme montre-t-il son amour pour sa famille? Le moyen le plus facile est par le regard. Rappelez-vous de la période où vous courtisiez votre épouse. Chacun de vous deux pouvait être assis sur son côté de la classe, ou bien vous étiez assis à la même table au restaurant et un seul de vos regards en disait long à ce moment-là. Si vous n'avez pas encore appris à exprimer l'affection que vous éprouvez pour votre famille, vous feriez bien de vous y mettre.

À chaque dimanche, durant les services religieux, mes deux jeunes enfants sont assis dans la deuxième rangée en face de mon fauteuil et ils ne manquent jamais de me regarder juste avant que je me lève pour prêcher. Rien ne me rassure plus que le pétillement de leurs yeux qui semblent me dire: «Papa, nous prions pour toi.»

Voilà un exemple d'amour exprimé par un seul coup d'oeil.

On peut aussi exprimer l'amour et l'affection par le toucher. Le toucher est l'extension de votre moi réel. Et si le regard et le toucher sont importants, que dire de la parole? Vous devez révéler aux membres de votre famille que vous les aimez; vous devez affirmer à votre épouse et à vos enfants qu'ils sont les êtres les plus merveilleux qui soient.

Messieurs les maris, avez-vous déjà rencontré une femme qui n'aime pas se faire dire qu'elle est belle? Il n'est aucun homme ni aucune femme qui ne se sente plus radieux que quand on lui fait un compliment. En tant que maris, pères de famille et chefs de foyer respectés, nous avons la possibilité d'ensoleiller la journée de notre épouse et de nos enfants en leur donnant un mot d'éloge. L'amour et l'affection s'entretiennent par l'attention à l'autre, par le toucher, par l'écoute de l'autre, par le regard, par la parole et par le don de soi.

Le troisième besoin émotionnel est la compréhension. Cela ne veut pas dire que l'homme doit pouvoir comprendre la femme parfaitement car à l'impossible, nul n'est tenu. Dieu a créé la femme mystérieuse et nous l'aimons comme cela. Comprendre les femmes signifie que nous sommes prêts à les accepter comme elles sont sans essayer de les changer. Si vous comprenez votre épouse, elle se sentira acceptée de vous.

Chaque personne est différente des autres. Si quelque chose vous irrite chez un de vos enfants, surtout s'il est dans la période de l'adolescence, il faut le comprendre et lui dire: «Je t'accepte même si tu me laisses perplexe.» Quand les jeunes se plaignent que leurs parents ne les comprennent pas, cela veut dire qu'ils ne les acceptent pas tels qu'ils sont, qu'ils les rejettent au beau milieu de leur lutte spirituelle, morale et philosophique et qu'ils voudraient les modeler à leur image. Nous avons le devoir d'accepter nos enfants même si nous désapprouvons leurs actes moralement mauvais, et nous devons les guider sans contrainte vers une compréhension plus grande et une action plus noble.

Un homme pourvoit aux besoins émotifs des siens en leur donnant de son temps. Le temps est un petit mot qui veut dire: «Je suis prêt à m'impliquer avec toi, mon fils.» Ou encore: «Chérie, je suis prêt à t'écouter.» «Je t'aime tant que je veux être avec toi chaque fois que tu auras besoin de moi.» Aucun père de famille ne peut apporter à la maison un chèque de paie si gros qu'il puisse être dispensé de donner de son temps à son épouse et à ses enfants.

J'ai déjà fait passer mon travail en premier et je me justifiais en me disant que je le faisais pour Dieu. Mais j'ai compris que si je négligeais ma famille, Dieu n'était pas impressionné par ce que je faisais pour Lui. Partager son temps veut dire: «Tu es ce qui compte le plus pour moi actuellement.» Le temps que l'on passe avec les nôtres nous permet de leur communiquer notre force de caractère et de créer une unité solide au sein de la famille. Si le père n'est jamais à la maison avec son épouse et ses enfants, comment recevront-ils ce qu'il a à leur donner pour leur maturité?

Le père ne devrait pas négliger de donner de l'agrément à ses enfants, soit par des vacances ou des voyages de camping ou de pêche ou par toute autre activité récréative de leur choix, afin d'assurer ainsi leur croissance émotive normale. Encourager les occasions de plaisir en famille et y participer est pour le père de famille non seulement une responsabilité mais un privilège.

Un autre cadeau du coeur est l'attention, c'est-à-dire la concentration de l'activité mentale sur ce que les gens disent, au moment où ils le disent. Un homme de notre église a décrit *son attention à son épouse* en ces termes: «Pour moi, être attentif veut dire écouter patiemment mon épouse me dire tout ce qu'elle a sur le coeur, même si aucun de nous deux ne comprend ce qu'elle dit.»

Bien des choses sollicitent notre attention et c'est pour-quoi nous devons chercher à être attentif à ce que nous faisons. Si vous êtes trop occupé pour accorder votre atten-tion à un membre de votre famille qui exprime un désir, une joie ou un besoin, je me demande si vous serez capable de fixer votre attention sur Dieu. Si nous ne pouvons pas écouter ce que Dieu a à nous dire, serait-ce parce que nous n'avons pas appris à écouter les nôtres? Alors, essayez donc de dire à votre épouse: «Parle, chérie, car ton mari écoute.» Dieu veut vraiment que vous l'écoutiez. Après tout, qui sait si un jour elle ne vous transmettra pas un message de Lui! Alors, écoutez-la.

Besoin spirituel

Le troisième besoin principal dont un mari et un père de famille est responsable est le besoin spirituel. Cela ne veut pas dire qu'il doive courir acheter une Bible pour chaque membre de sa famille, non; il doit cependant modeler son ac-tion sur celle du Christ et aspirer à la perfection. Nos enfants ont moins besoin d'une conférence sur Jésus-Christ que de voir une image vivante de Lui à la tête du foyer.

Le bon père de famille crée une ambiance dans laquelle sa famille est capable de parler de choses spirituelles. La table est un bon endroit pour inculquer des principes spirituels parce qu'on s'y sent détendu et ouvert à presque n'importe quel sujet. Un des plus grands atouts du père de famille est celui de pouvoir y servir, adroitement et plaisamment, de la nourriture pour l'âme en même temps que pour le corps. Quand vous accolez des principes spirituels aux sujets qui in-téressent votre famille, c'est là que vous lui donnez sa nour-riture spirituelle.

L'enseignement le plus efficace que je fais est souvent transmis dans l'ambiance détendue d'un repas, alors que l'un ou l'autre de mes enfants expose un problème personnel ou raconte un incident survenu à l'école ou chez l'un de ses amis. Invariablement, il avouera quelques jours plus tard: «Papa, j'ai appliqué le principe dont on a parlé l'autre jour et ça marche. Comme je suis content!» L'application pratique d'une vérité l'inscrit profondément dans l'esprit curieux et non encore formé de vos enfants.

La satisfaction des besoins spirituels d'une famille par le père implique qu'il conseille la mère ou les enfants sur les questions d'ordre spirituel. Vous serez peut-être tenté de dire: «Vu que je ne lis pas beaucoup la Bible et que je ne m'y connais pas tellement en matière de spiritualité, je vais envoyer ma femme et mes enfants chez le prédicateur.» Le pasteur veut bien aider votre famille mais si vous vous déchargez sur lui de votre responsabilité parce que vous ne voulez pas chercher les solutions vous-même, vous vous dérobez ainsi à une de vos obligations importantes de père de famille. Si vous tenez sérieusement à jouer votre rôle de pourvoyeur, alors c'est à vous et à personne d'autre qu'il incombe de conseiller votre famille sur les questions spirituelles.

Finalement, dans le domaine spirituel, il vous appartient de conduire votre famille à un centre d'étude de la Bible où l'enseignement est fait à partir de la Parole de Dieu. Ce n'est pas à vous seul de gober ce qu'on dit à l'église et de le rapporter ensuite à votre famille en lui demandant de croire à ceci ou à cela. Tous les vôtres doivent aller à l'église pour que vous puissiez discuter ensuite tous ensemble de ce que chacun y a entendu et compris et ainsi vous aider les uns les autres. Si les vôtres ne vont pas à l'église, leurs besoins spirituels ne seront pas satisfaits, peu importe ce qu'ils recevront de vous par ailleurs. De plus, ils ont besoin de la compagnie et de l'amour de familles chrétiennes qui aiment Dieu.

Quel homme peut arriver à faire tout cela? Celui qui place le Christ au premier rang dans sa vie. Dieu a donné à l'homme la capacité de pourvoir à tous les besoins de sa famille: physiquement, en se servant de son corps et de son esprit; émotivement, en se penchant avec attention sur les soucis et les préoccupations des siens; et spirituellement, en se fiant dans son coeur au Christ vivant. *En celui qui me donne la force, je puis tout* (Phil. 4;13).

Avertissement

Le père de famille doit observer quelques conseils de prudence. D'abord, il doit veiller à ne pas procurer trop de choses à sa famille ni à lui donner ce qui ne lui convient pas. Jésus a dit: *Si donc vous, tout mauvais que vous êtes, vous savez donner de bonnes choses à vos enfants, à combien plus forte raison votre Père céleste donnera-t-il de bonnes choses à ceux qui le prient* (Matt. 7;11). Sous le regard de Dieu, nous pouvons donner à notre famille tout ce dont elle a besoin, et c'est comme Lui que nous devrions le faire et comme Lui aussi que nous devrions satisfaire ses autres désirs, si la sagesse nous dicte qu'ils sont bons. D'autre part, si nous donnons trop aux nôtres, que ce soit dans le domaine matériel, émotif ou spirituel, nous risquons de bloquer leur initiative et d'enrayer leur croissance.

La deuxième embûche à éviter est l'esclavage, c'est-à-dire le travail jour et nuit dans le but de satisfaire des désirs qui dépassent de beaucoup la limite des besoins. Parfois le père fait cela à cause des exigences de son épouse. Certaines femmes qui cherchent à s'élever dans l'échelle sociale veulent avoir tout ce que leurs amies possèdent. Certains garçons aussi menacent de se rebeller si on ne leur achète pas une auto comme celle de leurs amis. Le père qui a un complexe de culpabilité et qui entend constamment la rengaine du «tout-le-monde-l'a-sauf-nous», accepte un deuxième ou même un troisième emploi afin de procurer davantage de biens matériels à sa famille, mais il le fait toujours au détriment des biens émotifs et spirituels.

Le troisième écueil qui guette le père de famille est l'orgueil. La vue des voisins qui possèdent davantage et de plus belles choses que vous, risque d'enchaîner votre orgueil si vous êtes le moindrement vulnérable dans ce domaine. Rappelez-vous que le besoin de compétition matérielle dans le but de s'établir une réputation est de l'orgueil mal placé. Jésus lui-même nous prévient que: *La vie d'un homme, fut-il dans l'abondance, ne dépend pas de ses richesses* (Luc 12;15).

Les ulcères, les affections cardiaques et les autres maladies propres à bien des hommes ne sont pas le résultat de trop d'heures de travail mais du stress émotionnel causé par le désir d'arriver au sommet. Quand la santé du père flanche, il peut bien arriver que la famille se mette à le critiquer plutôt que de le remercier de s'être dépensé pour elle. La raison en est que, comme lui, elle évalue les biens matériels bien au-dessus des biens spirituels, et les rentrées d'argent étant menacées, elle se soucie davantage de son confort perdu que de sa santé chancelante à lui. Lui-même d'ailleurs ne s'y retrouve pas, car ses propres valeurs sont ébranlées.

Un des effets tragiques de tout cela est la fuite des responsabilités par le père. Chaque année, environ 100 000 pères de famille quittent leur foyer, et bien des mères de famille le font aussi. Aucune femme normale ne quittera son foyer si les besoins relatifs à sa vie familiale sont satisfaits. Quant aux hommes qui composent cette horde humaine de dériveurs, ils sont soit des paresseux sans initiative, soit des hommes sans dignité dominés par leur épouse ou encore des hommes battus dont les espoirs ont été brisés. À un moment donné dans leur vie, ils ont été dépossédés de leur masculinité et ils n'ont jamais découvert leur destinée divine. Ils méritent notre pitié même si nous condamnons leur péché d'irresponsabilité.

Un désiquilibre dans la façon de pourvoir aux besoins de la famille peut avoir des conséquences désastreuses. Un père trop généreux risque d'engendrer chez son enfant l'habitude de vouloir tout obtenir au moment même où il le demande et d'en faire ainsi un enfant «gâté».

Si le père se rend trop vite aux désirs de son enfant, celui-ci ne sentira pas le besoin de prier et il pourrait oublier longtemps de remercier le Seigneur, car il tient tout pour acquis et cela nuit autant à son attitude de prière qu'à sa foi.

Il est important d'enseigner à nos enfants de prier le Seigneur pour leurs besoins. Pour certains de ses besoins, il est peut-être préférable que la famille prie et attende d'être exaucée. Il est très bon que les parents privent leurs enfants de certains biens afin de leur apprendre la prière, la patience et la foi en Dieu.

La famille qui manque du nécessaire souffre d'insécurité et celle qui possède trop de biens matériels détourne son attention de Dieu. Que veut dire «trop de biens»? Vous seul savez, ou êtes en mesure de savoir, ce qui convient à votre famille. C'est au père de famille qu'il revient d'observer ses enfants et de connaître son épouse assez bien pour pouvoir faire une juste évaluation des options en cause. Ensemble, la famille pourrait se fixer des objectifs et confier à chacun des membres une responsabilité quelconque afin d'assurer le bon fonctionnement du foyer. C'est ainsi que, par l'intermédiaire du père, Dieu pourvoit aux besoins de la famille.

À vous qui êtes père de famille, je demande: «Si le bon pourvoyeur est celui qui pourvoit aux besoins spirituels, émotifs et matériels de sa famille, diriez-vous que vous en êtes un?» Évidemment, si vous n'êtes pas chrétien, vous ne comblez pas tous les besoins de votre famille parce que vous ne pouvez pas répondre d'abord à ses besoins spirituels. Si vous êtes chrétien mais que vous ne marchiez pas dans les traces de l'Esprit-Saint, vous ne pouvez pas combler tous les besoins de votre famille non plus. L'homme complet est celui dont la vie spirituelle croît, qui est diligent dans sa vocation et qui aime sa famille. Ainsi, il peut aider au perfectionnement des personnes que Dieu lui a confiées.

4

Le chef désigné par Dieu

Un foyer est beaucoup plus qu'une maison où les gens mangent, dorment et parlent. Un foyer chrétien est une petite société, un organisme, une entreprise et une partie du corps spirituel du Christ. C'est beaucoup plus complexe que ce que la plupart des gens pensent. L'homme moyen se marie pour le plaisir de la chose, sans prendre conscience qu'il endosse une responsabilité imposante: celle de diriger son épouse et son foyer. Le mariage fait de lui le guide d'une petite cellule, d'un petit organisme social que notre Seigneur Jésus appelle une famille.

La famille est aujourd'hui le centre de beaucoup de confusion et de frustration. Une des raisons de cet état de choses est que l'homme qui devrait être à la tête du foyer n'a jamais admis sa responsabilité de chef. J'entends des hommes mariés me dire: «Je n'ai pas l'étoffe d'un chef.» Messieurs les maris, si vous n'êtes pas des chefs, vous ne réalisez pas votre destinée, parce que Dieu demande que le mari soit le chef.

La famille américaine actuelle souffre de frustration, d'anxiété et d'un état de vide parce que ses buts son mal définis et qu'elle manque de direction. Cela pourrait bien expliquer pourquoi des millions d'enfants rebelles sont impatients de quitter leur foyer pour en fonder un nouveau. Et c'est leur père, et non leur mère ou eux-mêmes, qui est responsable de cette situation tragique.

Un des problèmes majeurs du foyer moderne est le manque d'autorité. Certains posent l'objection suivante: «Par quelle autorité le mari a-t-il été placé au-dessus de son épouse?» Si vous demandez aux féministes de répondre à cette question, elles vous répondront ceci: «Cette idée a été inventée par un homme égoïste quelconque, qui l'a ensuite imposée à la société. Elle est injuste et nous ne voulons pas nous y conformer.» Si vous demandez à Dieu, vous découvrirez qu'Il a voulu que le mari soit le chef de son épouse et de sa famille. Quoi que nous fassions, nous ne pouvons pas améliorer le plan de Dieu.

L'Écriture enseigne dans l'épître aux Éphésiens (5; 22-23) que le mari doit être le chef de l'épouse et que l'épouse doit être soumise à son mari. Ce passage sous-entend bien des principes implicites. D'abord, il révèle l'annonce de Dieu selon laquelle le mari, qu'il le veuille ou non, est le chef du foyer. La seule question qui reste, c'est de savoir s'il a été nommé par Dieu.

La famille est un corps qui fonctionne 24 heures sur 24, 365 jours par année. C'est une des plus extraordinaires organisations du monde et l'une des plus importantes. Mais d'étranges choses lui arrivent.

L'homme moyen rentre chez lui chaque soir, il prend un repas agréable, regarde ensuite la télévision ou pratique un hobby, après quoi il va se coucher. Il se relève le lendemain matin et répète la même routine sans penser à l'actif et au passif humains qu'il traite dans son organisation familiale.

Président de compagnie

Dans votre maison, monsieur le mari, vous êtes le président d'une compagnie qui comprend bien des divisions. En voici quelques-unes: l'hébergement, l'alimentation, le transport, l'éducation, le culte, la récréation, le budget, le counseling, la médecine et l'entretien (la menuiserie, la plomberie, la propreté, la peinture, la décoration, l'entretien de la pelouse et peut-être le soin des animaux). Aucune autre organisation au monde n'oserait faire fonctionner ensemble autant de divisions sans se payer les services d'une secrétaire. Aucune autre organisation non plus ne se donne des normes aussi élevées que la famille en ce qui a trait à l'harmonie, à la prospérité et à la stabilité. Les jeunes hommes qui songent au mariage devraient bien y réfléchir, car devenir mari et père de famille est une énorme responsabilité aux yeux de Dieu.

En fondant la famille, Dieu avait en tête de faire vivre mari, femme et enfants comme des compagnons qui s'aideraient à évoluer ensemble, dans le Christ Jésus. Si les membres d'une même famille cheminent ensemble sur la voie spirituelle, ils se conforment peu à peu à l'image du Christ.

En ce qui touche la croissance personnelle, Dieu veut entre autres que chaque membre de la famille soit motivé à atteindre son maximum. Le mari doit tendre vers cet idéal en tant que chef de famille et l'épouse en tant qu'aide de son mari, doit se soumettre à lui, *comme au Seigneur.*

L'épouse qui dit: «Je n'aime pas l'idée de soumission à mon époux», a une lueur de rebellion en elle. En confiant au mari la responsabilité de chef de famille, Dieu soulage l'épouse de cette responsabilité afin qu'elle demeure la femme complète qu'Il veut qu'elle soit. Si elle tente d'avoir la même position, la même autorité, les mêmes fonctions et les mêmes responsabilités que son mari, elle ne fait pas la volonté de Dieu. Dieu a donné à l'homme et à la femme une valeur égale et Il en fait des partenaires pour qu'ils puissent dominer la terre, mais Il leur a donné un rôle familial différent. Dans la cellule familiale créée par Dieu, l'épouse ne sera jamais présidente.

Si nous renversons le plan de Dieu, nous dévions de Son but et de Son objectif. L'obligation pour lui d'être le chef du foyer appartient toujours au mari, même s'il abondonne son poste. La famille ne lui accorde ni congé autorisé ni retraite anticipée. Messieurs les maris, par votre naissance et par votre mariage, vous êtes président à vie de votre famille; alors pourquoi ne pas vous y mettre dès maintenant!

Certains maris prétendent que leur épouse a plus de talent et de connaissance qu'eux et qu'elle a un meilleur bagage culturel. Même si cela était vrai, il n'en reste pas moins que l'ordre familial n'est pas basé sur l'intelligence ou le talent mais sur le décret donné par Dieu dans le meilleur intérêt du mari et de l'épouse. Peut-être ne le comprenons-nous pas, mais acceptons-le comme une sage décision d'un Dieu aimant.

Si quelqu'un demande: «Moi, je viens de me marier; quelle est ma responsabilité?», je lui répondrai: «La même.» «Mais je n'ai pas beaucoup de responsabilités.» Mais si, vous en avez.

L'aspect alarmant de tant de mariages aujourd'hui est la façon dont les gens y entrent et en sortent. De toute évidence, nombreux sont ceux qui ne savent pas dans quoi ils s'embarquent et qui prennent la poudre d'escampette dès qu'ils se frottent aux difficultés imprévues. Les jeunes gens prennent l'idée quelque part que le mariage existe seulement pour le plaisir. Or, si le mariage procure du plaisir, il n'en comporte pas moins des responsabilités.

Il y a quelque temps de cela, j'ai conseillé un couple qui avait des problèmes conjugaux. L'époux voulait divorcer de son épouse. Quand je lui ai demandé pourquoi, il m'a répondu: «Je pense seulement qu'elle irait mieux avec quelqu'un qui pourrait lui apporter ce qu'elle attend de la vie. Je suis disposé à sortir de sa vie et à laisser ma place à celui-là.» Je lui dis: «Cette décision pose un problème: aucun autre homme ne peut assumer votre responsabilité.» Certaines épouses rendent cette tâche bien difficile mais aux yeux de Dieu, le mari est obligé et capable de satisfaire aux beoins de son épouse.

Le chef

Nos problèmes viennent en partie de notre incompréhension de la nature du chef du foyer. Dieu n'a pas créé l'homme supérieur à la femme ni la femme inférieure à l'homme. Pas un seul verset de la Bible ne fait allusion à cela. On accuse les chrétiens conservateurs de maintenir la femme dans une position d'infériorité et de lui refuser la chance de développer son potentiel. Mais ceux qui croient à la Bible renvoient les auteurs de cette accusation au chapitre 3, verset 28 de l'épître de Paul aux Galates: *Il n'y a plus ni Juif ni Grec, ni esclave ni homme libre, ni homme ni femme; en Jésus-Christ, vous ne faites tous qu'un.* Cette parole de Paul place tous les chrétiens sur le même pied d'égalité devant Dieu.

En donnant au mari autorité sur son épouse, Dieu ne veut pas montrer qu'il est supérieur à elle, qu'il est plus intelligent ou encore qu'il a l'esprit plus pratique que le sien. Certains maris l'interprètent ainsi; certains prédicateurs le laissent entendre négligemment aussi, mais la Parole de Dieu n'appuie ni les uns ni les autres. La question n'est pas de savoir lequel des deux est plus élevé ou plus privilégié que l'autre, mais qui est le chef de cette organisation de la famille que Dieu a fondée.

Certains jeunes gens formulent l'objection suivante: «Pourquoi avons-nous besoin d'un chef? Le mari et la femme ne peuvent-ils pas être tous les deux un chef? Ne sommes-nous pas libres de faire notre choix nous-mêmes?»

À cette objection, je réponds ceci: essayez de me nommer un projet qui ait nécessité une prise de décision consciencieuse et qui n'ait pas eu à sa tête un chef, reconnu ou désigné. Qu'il s'agisse de compétitions sur le terrain de jeux ou de campagnes électorales, les querelles au sein d'un groupe de gens les empêchent d'agir, et l'individualisme de certains brise l'unité du groupe; voilà pourquoi il faut un chef. Pourquoi la complexe entreprise du mariage ferait-elle exception à cette règle?

Dieu a donné à la famille une structure qui lui permet de jouer son rôle, et cette structure prévoit une autorité, tout comme dans une entreprise. Le président d'une compagnie n'est pas nécessairement plus doué que le vice-président, mais pour le bien de ce dernier et celui de tous ses autres subordonnés, tout le personnel est invité à coopérer avec le président.

La première épître aux Corinthiens (11;3) et l'épître aux Éphésiens (5;22-24) nous présentent une ligne d'autorité qui commence avec Dieu: *Le chef de tout homme, c'est le Christ; le chef de la femme, c'est l'homme; et Dieu est le chef du Christ. Femmes, soyez soumises à vos maris comme au Seigneur; car le mari est le chef de la femme de même que le Christ est le chef de l'Église, son corps, dont il est aussi le Sauveur. Ainsi, de même que l'Église est soumise au Christ, que les femmes le soient aussi en tout à leur mari.*

Nous voyons par là l'inconséquence de l'argument selon lequel on réclame l'indépendance et l'autorité pour les épouses. Si nous disons que la Bible a tort de placer l'homme au-dessus de la femme, alors nous devons dire aussi que le Christ n'est pas l'autorité désignée de l'Église, ni Dieu le Père le chef de la Trinité agissante. Pourtant, le reste de l'Écriture affirme que le Père dirige le Conseil divin et que Jésus est le chef de l'Église. De cette réalité découle la suite de la ligne d'autorité: le Père, le Fils, l'homme, la femme.

Malgré leur rôle différent au sein de la hiérarchie divine, le Père et le fils sont égaux et Jésus a déclaré leur égalité avec les affirmations suivantes: *Celui qui m'a vu, a vu le Père* (Jean 14;9) et *Moi et le Père, nous sommes un* (Jean 10;30).

Quand Jésus vivait sur la terre, il obéissait à son Père; à son exemple, nous devons obéir au Christ, et l'épouse doit obéir à son mari. Aux yeux de Dieu (et Il est omniscient), cette hiérarchie constitue le meilleur arrangement pour tous: père, mère et enfants. Bien entendu, ce plan ne fonctionne pas comme Dieu l'a voulu si le mari n'aime pas son épouse comme le Christ aime l'Église.

Pour le mari, être le chef du foyer ne veut pas dire qu'il doivent se promener en se gonflant la poitrine dans l'espoir que tout le monde s'agenouille devant lui. Dans l'esprit de Dieu, la soumission veut dire la réalisation d'un plan directeur, l'expression de soi dans les limites prévues. Quiconque vit selon le plan de Dieu est soumis à quelqu'un d'autre, et chaque personne doit trouver sa place dans le plan de Dieu.

En termes simples, le rôle que Dieu a assigné à l'épouse, c'est celui de la soumission à son époux. Ce rôle peut être mieux compris quand on le regarde à la lumière de la soumission de l'Église au Christ. Jésus a demandé l'obéissance à

Ses disciples, mais Il ne les empêchait pas de Lui poser des questions ni d'exprimer leurs émotions. Il les faisait tendre à la perfection, mais Il les assurait de son pardon et de Son amour indéfectible en cas de chute.

Pierre était déplaisant, mais le Seigneur l'a corrigé et discipliné avec tendresse. Il lui a même dit une fois qu'il parlait comme le diable, mais Il l'a néanmoins traité comme un ami. Jésus préférait toujours que Ses disciples s'abandonnent à Lui de bon gré plutôt que de leur imposer Son autorité légitime.

Je n'ai jamais rencontré une femme qui ait voulu quitter son mari, tant que celui-ci se tenait chrétiennement à la tête du foyer, qu'il cheminait vers la perfection et qu'il assumait ses responsabilités avec amour. Les femmes qui veulent la «liberté» ou qui veulent «faire à leur guise» ont un problème fondamental de résistance à Dieu. Celle qui ne veut pas faire ce qui plaît à Dieu ne veut pas plaire à autrui non plus à moins qu'elle n'y voie son propre intérêt. Chez l'épouse qui ignore son propre rôle dans la famille, cette attitude engendre la frustration, l'anxiété et une recherche inutile de signification dans sa vie. Seule la vraie soumission à Dieu nous permet de nous soumettre aux autres, en accord avec le plan de Dieu.

Le dictateur indifférent

Notre image du père en tant que personnification de l'autorité à la maison est déformée de deux façons. D'abord, nous voyons l'homme qui désire commander sa famille mais qui ne veut pas accepter les nombreuses responsabilités qui vont de pair avec ce rôle. Il est indifférent ou insensible aux besoins de sa famille et il a tendance à rester timidement à l'écart des décisions importantes. Son retrait et son indécision engendrent l'insécurité chez son épouse et ses enfants, car ils ne savent jamais sur quel pied danser avec lui et ils constatent qu'autorité est synonyme de beaucoup de paroles et peu d'action.

L'autre déformation est celle du père qui mène tout à la manière d'un dictateur, comme un chef autocratique qui ne permet pas qu'on remette ses décrets en question. Il a le premier et le dernier mot. Il est l'autorité suprême mais il est absent du coeur et de l'esprit de ceux qu'il intimide. Il se vante de mener les siens, mais tout le monde sait qu'il n'obtient d'eux qu'une obéissance extérieure. Dans son dos, ils l'ignorent totalement de la même façon qu'il est indifférent à leurs sentiments. Quand le père est le vrai chef de la famille, il n'a pas besoin de prouver quoi que ce soit à quiconque; il obéit doucement à Dieu et il jouit des résultats.

Le père autoritaire qui fait observer une discipline sévère et sans douceur peut fort bien faire la loi chez lui, mais il ne tient pas cette autorité de Dieu. Jésus-Christ était patient, gentil et aimable, et Dieu veut que nous dirigions notre famille comme le Christ dirige l'Église, c'est-à-dire avec amour et fermeté.

L'homme qui veut prendre toutes les décisions sans discuter ou sans accepter de conseils des autres passe à côté de sa plus grande occasion de guider ses enfants vers la maturité et d'offrir un heureux partage à sa femme. Participer à la prise de décision donne aux jeunes membres de la famille un sentiment de valorisation et de confiance qui sont des qualités essentielles pour devenir des adultes responsables et productifs.

Le père autocratique s'oppose aux idées et aux opinions des membres de sa famille parce que, au fond, il manque de confiance en lui-même et que la pauvre image qu'il a de lui-même est menacée par la moindre trace de critique. Quelqu'un a détruit son image et il projette aveuglément cette destruction sur ses enfants. Certaines épouses deviennent nerveuses en voyant leur mari arriver à la maison parce qu'elles ne savent pas ce qu'il leur réserve. Le Bible n'appuie pas un tel chauvinisme mâle.

Un père de famille dont le fils avait été expulsé de l'école pour tout un semestre vint me prier d'avoir un entretien avec ce dernier. Seul avec le garçon, je lui demandai de réfléchir pendant un moment et de se décrire ensuite lui-même. Après un long silence, il se résuma avec cette sombre étiquette: «Je ne suis rien.»

Ce garçon découragé continua à parler de ses difficultés, mais ses premiers mots avaient bien révélé son besoin. Son père, un homme impulsif, soupe au lait, insensible et autoritaire avait détruit l'estime que son garçon avait de lui-même. Pourquoi alors ce dernier aurait-il voulu plaire à son père? Qui aime être traité comme un rien du tout?

En tant que père de famille, nous devons reconnaître que chacun de nos enfants est une personne distincte et valable et qu'il doit être compris et accepté tel qu'il est. Le père autoritaire ne tient pas compte des différences de personnalité, tandis que le chef de famille qui vit dans le Christ coordonne les points forts et les faiblesses de tous les membres de la famille et en fait une unité dans la diversité, permettant à tous de s'aider les uns les autres et de servir Dieu.

Dieu a donné à l'homme tout ce qu'il lui fallait pour jouer son rôle de chef de famille et pour développer chacun des siens. Si vous ne croyez pas avoir reçu cela de Dieu, vous avez peut-être besoin d'un cours de recyclage sous la seigneurie de votre Chef, le Christ. Avec Lui, la famille peut atteindre son maximum, comme Dieu le veut.

L'épouse, qui a la chance de vivre sous un toit où règnent la joie et la sécurité et sous l'autorité d'un mari qui vit en union avec Dieu, trouve plaisir à être une partie essentielle de la famille et à se donner elle-même. Et ses enfants croissent dans l'amour et l'admonition du Seigneur. Plus l'épouse accepte sa place et sa responsabilité, plus elle devient la femme complète tel que Dieu l'a souhaité, une femme dont les désirs sont comblés. Elle comprend qu'elle est l'égale de son mari et elle apprécie ses avantages de femmes dans le plan de Dieu. Le fait de jouer son rôle lui donne la plus belle des occasions de connaître le ciel sur terre.

Si vous n'aimez pas l'état de votre foyer, à vous de l'améliorer. Mais vous devez d'abord prendre conscience des desseins de Dieu sur ce dernier. En bref, Dieu veut que le mari dirige son foyer avec amour, humilité et fermeté; voilà la part de l'homme. L'épouse doit se soumettre à l'autorité de son mari sans réserve et s'appliquer à lui prêter main forte. Le mari ne doit pas forcer la main de son épouse ni elle exiger de son mari qu'il l'aime. Chacun doit jouer son rôle volontairement pour être authentique.

Bien entendu, le chef fera des erreurs; lui et son épouse doivent s'y attendre. Mais l'homme qui garde son regard sur le Christ et qui accepte l'aide de son épouse apprendra par ses erreurs et acquerra ainsi une plus grande maturité. Que l'épouse se rassure: elle n'est pas responsable des erreurs de son mari. Tout ce qui lui est demandé, c'est d'être soumise à lui. Dieu tient le mari responsable de son royaume familial. Si ce dernier délègue son autorité, et que le délégué rate son coup, c'est le mari qui est partiellement responsable. C'est à lui que Dieu demandera des comptes au sujet de la supervision du foyer.

Directeur du foyer

Le mari, en sa qualité de prêtre en chef du foyer, doit exercer un ministère personnel afin de satisfaire aux besoins de sa famille. Voici dix points pratiques concernant son rôle à la maison.

D'abord, il doit se voir comme le chef de sa famille, comme Dieu l'a ordonné.

Deuxièmement, après consultation avec sa famille, il établira les politiques de la maison: combien peut-on dépenser d'argent, à quelle heure les enfants doivent rentrer le soir, les règles de courtoisie et de modestie, etc.

Troisièmement, le chef de famille qui agit en conformité avec la volonté de Dieu prend la responsabilité de ses décisions ou de son absence de décisions, sans blâmer les autres pour ses erreurs.

Quatrièmement, il délègue à son épouse et à ses enfants, selon leurs talents et leurs besoins, son autorité de surveillance touchant la mise en application des politiques.

Cinquièmement, le père de famille aide les siens à se fixer des buts individuels et familiaux, en partant de leur niveau d'expérience et de compréhension. Il montre à chaque enfant combien il est important de penser à demain tout en agissant avec prudence aujourd'hui. Il réunit sa famille afin de parler de l'avenir avec elle, et il insiste sur l'importance que chacun joue son rôle pour permettre à la famille d'atteindre ses objectifs. La famille doit avoir des objectifs de tous les ordres: financiers, spirituels, matériels et sociaux, et chacun de ses membres doit aussi avoir ses objectifs personnels. Fixer les objectifs de la famille est une tâche complexe qui demande pas mal de temps et une bonne dose de flexibilité. Mon épouse et moi y avons consacré une semaine de vacances, mais certains effets se feront sentir le reste de notre vie.

Sixièmement, le père de famille qui fait la volonté de Dieu enseigne à ses enfants des principes pratiques destinés à accélérer leur évolution et à leur éviter des ennuis.

Septièmement, il est au service de sa famille. Les enfants se conduisent souvent mal dans le but d'attirer l'attention; ils ont besoin de conseils aimables et attentifs. Si le père de famille est trop occupé pour s'occuper de son foyer, ils peuvent penser qu'il ne se soucie pas d'eux.

Huitièmement, il pardonne jusqu'à soixante-dix fois sept fois; toutefois, certains redressements judicieux sont nécessaires pour éviter que la même erreur ne soit commise autant de fois.

Neuvièmement, le chef responsable prie et lit la Bible régulièrement en famille afin de nourrir la vie spirituelle des siens et de confier tous leurs problèmes à Dieu. Ainsi, quand un de vos enfants voudra savoir «à quel point la vie est différente lorsqu'on prie et qu'on lit la Bible», vous aurez une réponse satisfaisante à lui donner, basée sur votre expérience personnelle.

Dixièmement, le mari et père de famille parfait doit apprendre à dépendre de plus en plus de l'Esprit-Saint pour sa force et son orientation de chaque jour. C'est pour cela que Jésus et le Père ont envoyé l'Esprit. Le fait d'être soumis à Lui fait toute la différence entre un succès et un échec, entre les frustrations et les réalisations. La vie dans l'Esprit vous aidera à appliquer les neuf règles précédentes, même si vous les oubliez.

S'inspirant de la fameuse description qu'a donnée Salomon de l'épouse digne d'éloges, dans le chapitre 31 des Proverbes, une épouse contemporaine a écrit ce qui suit en hommage au chef que Dieu a placé à la maison:

Heureuse celle qui a un époux fidèle, car son prix dépasse celui d'une Cadillac ou même d'une Rolls-Royce.

Le coeur de son épouse est serein et confiant, peu importe que son époux soit en voyage d'affaires ou qu'il rentre tard à la maison après son travail.

Il donne le meilleur de lui-même à son épouse et à sa famille jusqu'à la fin de ses jours.

Il apprend son métier hardiment et ne craint pas les dures journées de travail.

Il se tient au courant des affaires mondiales et il en fait profiter sa famille.

Il se lève tôt le matin pour prier et demander que Dieu l'accompagne toute la journée.

En investisseur avisé et prévoyant, il achète une maison, une propriété ou une entreprise.

Il veille sur sa santé et il fait ce qu'il faut pour rester en bonne forme physique.

Son travail est de bonne qualité, même s'il doit faire des heures supplémentaires pour y arriver.

Il ne néglige pas son foyer.

Il s'occupe des problèmes sociaux et il essaie d'aider les gens dans le besoin.

Les périodes difficiles ne lui font pas peur parce qu'il a appris à faire confiance à Dieu tout en donnant le maximum à sa famille.

Il nourrit son corps autant que son âme et il fait de même pour sa famille.

Son épouse est bien vue dans sa communauté parce qu'il ne l'humilie jamais en public.

Il a un passe-temps utile et reposant.

Il est fort, honorable, joyeux et facile à vivre.

Sa conversation est sensée et inspirante. En fait, il se fait un devoir de parler gentiment.

Il s'intéresse à tout ce qui concerne sa famille et n'est ni paresseux ni indifférent.

Ses enfants l'aiment et l'admirent et son épouse, fière de lui, déclare:

«Bien des hommes ont réussi sur cette terre, mais tu es le meilleur de tous. Si c'était à refaire, c'est encore toi que j'épouserais.»

La flatterie est décevante et les apparences sont trompeuses, mais l'homme qui aime et craint le Seigneur connaîtra vraiment la louange.

Ce genre d'homme mérite d'être traité comme un roi, car sa vie prouve que sa foi est fondée sur du réel.

-Gladys Seashore

5

Un entraîneur sur place

E nseigne à l'enfant la voie qu'il doit suivre; même devenu vieux, il ne s'en écartera pas (Prov. 22;6). Les parents se servent parfois de ce proverbe de la Bible comme échappatoire face aux erreurs qu'ils avouent avoir commises dans l'éducation de leurs enfants. Quand les perspectives se font menaçantes, les parents s'accrochent à cette promesse pour rappeler à Dieu qu'ils ont bien élevé leurs enfants. Dans certaines familles, la question suivante reste sans réponse pendant des années: «Avons-nous vraiment enseigné à notre enfant la voie qu'il doit suivre?»

Aussi angoissant que puisse être ce dilemme, ces parents sont encore mieux que ceux qui fuient délibérément leurs responsabilités en abandonnant leur famille ou en se préoccupant tellement d'activités secondaires ou de leur carrière qu'ils négligent l'éducation de leurs enfants. L'absence du père ou de son enseignement crée un vide qui ne sera comblé qu'avec une longue expérience de la vie et bien des erreurs.

D'après la Bible, le seul homme qui puisse espérer voir ses enfants devenus grands marcher dans la voie du Seigneur est celui qui essaie de mettre en pratique l'exhortation formulée dans les Proverbes (22;6): *enseigne* à ton enfant à marcher dans la voie du Seigneur pendant qu'il est jeune.

Un des sens évidents de ce proverbe est que l'enfant continuera dans son âge adulte à penser et à agir comme dans son jeune âge. Mais le sens réel est plus profond que cela: c'est la promesse que la puissance du bien et de Dieu, expérimentée durant ses jeunes années, guidera l'adulte losqu'il sera arrivé à l'heure de faire ses propres choix. Ce verset sous-entend même la fidélité de Dieu à Sa parole et Sa miséricorde envers Son peuple.

Les pères de famille sont portés à penser que leurs enfants «ne sont pas si mauvais que ça». Peut-être avez-vous raison, messieurs, mais savez-vous ce que cachent leur esprit et leur mémoire? Quand ils auront une plus grande liberté, leurs actes vous plairont-ils encore? Et plairont-ils à Dieu? Quand vos enfants auront quitté la maison, vous n'y pourrez rien, mais pendant qu'ils vivent encore sous votre toit, vous pouvez leur donner une bonne éducation afin que le Seigneur garde Sa promesse envers eux quand ils seront devenus grands.

Certains parents protestent en disant: «Je ne peux y croire. Mes enfants ont été élevés et éduqués dans un foyer chrétien, et regardez-les aujourd'hui. Ce verset ne peut pas être vrai.»

Après un sermon sur le foyer que je venais de faire, un musicien qui avait participé au service vint me parler. Il me dit qu'il avait pris soin de ses enfants et les avait élevés religieusement, mais que sa fille de 20 ans causait du chagrin et des soucis à toute la famille. Il avoua croire à la Bible mais «pas à ce passage-là».

Je lui répondis que si ce passage des Proverbes n'était pas vrai, rien dans la Bible n'était vrai et digne de confiance. Le problème ne vient pas de la promesse de Dieu mais de la qualité de l'éducation donnée à nos enfants. Même si les enfants vivent avec des parents rachetés qui leur fournissent les nécessités de la vie, même s'ils donnent de l'argent à l'église, s'ils prient à l'occasion des repas et qu'ils lisent la Bible de temps à autre, on ne peut pas conclure d'emblée que ces enfants reçoivent un enseignement chrétien.

Programme d'éducation

Quand je scrute les difficultés qu'éprouvent les pères de famille, je m'aperçois souvent qu'ils n'éduquent pas leurs enfants comme ils le devraient. Même l'ambiance de leur foyer empêche le développement normal de leurs enfants. Avant de renier la promesse faite dans le verset 6 du chapitre 22 des Proverbes, voyons ce qu'exige l'éducation des enfants. Je veux vous confronter à douze possibilités positives concernant la façon d'enseigner à ses enfants *la voie qu'ils doivent suivre.*

D'abord, vous devez *croire* à la promesse de Dieu; Dieu est fidèle à Sa parole et le verset mentionné plus haut fait bel et bien partie de Sa parole inspirée. Quand, avec le meilleur des capacités que Dieu vous a données, vous essayez de bien éduquer vos enfants, Dieu fait Sa part.

Voyons l'opposé de la promesse, voyons ce qui arrivera si vous enseignez à l'enfant la voie qu'il *ne* doit *pas* suivre. Le père de famille qui est dur, inconséquent et égoïste à la maison engendrera la révolte et le ressentiment chez ses enfants, même s'il apporte sa Bible à l'église et y occupe une position officielle. Par sa conduite déloyale à la maison, il forme des enfants déloyaux. La seule façon dont ces enfants pourront être délivrés, c'est par la grâce de Dieu qui les touchera par l'intermédiaire de la fidélité d'autres chrétiens.

J'ai souvent entendu des pasteurs raconter de tristes histoires au sujet de leurs enfants et ajouter en terminant: «… après tout ce que je leur ai enseigné.» Ces hommes n'ont pas encore appris que la parole et l'enseignement sont deux choses différentes, et un pasteur affairé peut oublier facilement que l'éducation des enfants demande du temps et des efforts soutenus. Omettre d'enseigner les bonnes choses a des conséquences aussi graves que d'enseigner les mauvaises choses.

Deuxièmement, le père doit être *l'exemple du Christ* auprès de ses enfants. Votre exemple comprend vos paroles et vos actions. Voulez-vous que votre enfant agisse selon les premières ou les dernières? Bien des pères disent: «Mon fils, voici ce que je voudrais que tu fasses», et le fils lui répond: «Mais tu ne l'as pas fait comme cela, toi.» Quelqu'un a déjà dit: «Jusqu'à l'âge de 15 ans, l'enfant fait ce que son père lui dit, après cet âge, il fait ce que l'autre fait.»

Nous éduquons nos enfants positivement ou négativement dès leur plus tendre enfance. Nous les éduquons par nos actes, par la façon dont nous posons ceux-ci, de même que par nos paroles. Vous et votre épouse avez sur votre enfant les deux plus fortes influences qui soient, jusqu'au jour où vous cédez votre place à quelqu'un d'autre. Entre-temps, comment utilisez-vous cette influence sur eux?

Un petit garçon se vit demander un jour s'il était chrétien. Il répondit: «Non, je ne le suis pas. Mon papa ne l'est pas, et je suis comme lui.» Voilà une réponse irréfléchie mais honnête à une sérieuse question. C'est triste à dire mais l'exemple négatif est imité plus que l'exemple positif. L'enfant imite son père. On ne donne pas l'exemple seulement par ses paroles mais par ses actes aussi.

Si vous voulez que vos enfants prient, enseignez-leur à prier par vos paroles et votre exemple. Si vous voulez qu'ils lisent la Bible, vous devez la lire régulièrement et en faire le centre de votre vie. Si vous voulez qu'ils soient bons, gentils et aimables, vous devez être vous-même bon, gentil et aimable. Les enfants ont des antennes et elles sont sans cesse déployées.

Le désir le plus intime de l'enfant, c'est d'avoir l'approbation de ses parents. Voici comment l'enfant pense: «Si mon père fait telle action, il doit aimer cela; si moi je fais la même action, il sera d'accord avec moi.» Ainsi, l'enfant copie ses parents même quand il est tout jeune. À cet âge-là, tout ce qu'il voit est une leçon de choses pour lui, et le même phénomène continue plus tard, même si c'est à un degré moindre.

Alors que mon fils nous conduisait à l'église un dimanche matin, je lui fis remarquer qu'il dépassait la limite de vitesse permise. Il me répondit calmement: «Nous sommes un peu en retard, et j'ai remarqué que tu conduis toi-même à peu près à 100 kilomètres à l'heure quand tu es pressé.» Sans le savoir, je lui avais donné le mauvais exemple.

Troisièmement, le père de famille doit *éduquer* ses enfants. Dans Deutéronome 6;6-7, Dieu dit à la nation d'Israël: *Les commandements que je te donne aujourd'hui seront gravés dans ton coeur. Tu les inculqueras à tes enfants, tu en parleras soit que tu sois chez toi, soit que tu sois en voyage, quand tu te coucheras et quand tu te lèveras.* Nommez-moi un principe que vous avez délibérément et résolument inculqué à votre fils ou à votre fille dans les 30 derniers jours. Quand, pour la dernière fois, avez-vous essayé de leur enseigner un principe qui concerne la vie courante ou la vie spirituelle? Il y a des vérités et des principes fondamentaux que nous avons besoin d'enseigner à nos enfants, oralement et systématiquement. Nous sommes les premiers professeurs de nos enfants, car c'est Dieu qui nous a placés auprès d'eux.

L'éducation donné à vos enfants doit d'abord porter sur les réalités spirituelles. Avez-vous pris le temps de leur expliquer le salut? Ou avez-vous plutôt laissé cette responsabilité à votre épouse ou au prédicateur, ou encore au responsable de l'école du dimanche? C'est à vous qu'il incombe d'enseigner à vos enfants à connaître le Seigneur, tout comme le pasteur est responsable de cette tâche vis-à-vis de vous. Vous ne pouvez pas passer cette responsabilité à quelqu'un d'autre.

Le rachat n'est que le début de l'enseignement, bien entendu. La vie chrétienne est une croissance perpétuelle dont chaque étape est marquée par l'apprentissage de nouvelles vérités spirituelles. Consentiriez-vous à laisser à d'autres le soin d'enseigner ces importantes vérités à vos enfants, sans même être certain qu'ils le feront? Peut-être votre père ne vous a-t-il pas enseigné ces vérités-là; mais vous, vous savez que vous êtes responsable de les transmettre à vos enfants.

Nous devons enseigner aussi à nos enfants les affaires de la vie courante, par exemple comment gérer une somme d'argent. Même si vous n'êtes pas expert en la matière, vous en savez beaucoup plus long que vos enfants grâce à votre âge, et vous pouvez leur éviter bien des erreurs dans ce domaine.

Enseignez à vos enfants les questions touchant le sexe, dès leur jeune âge. Ils ont besoin de savoir que le sexe sert à la reproduction et au plaisir, mais aussi que c'est une fonction sacrée et une expérience intime réservée aux gens mariées. Ne laissez pas leurs amis mal informés leur donner des faux renseignements sur cet élément essentiel de la vie.

Qui enseignera à vos enfants la gentillesse et la bonté, la courtoisie et les bonnes manières? Peut-être leur mère, mais nous devons leur expliquer pourquoi les hommes traitent les femmes avec respect et à quel point Dieu est content lorsque nous aidons une personne dans le besoin. Un fils a besoin d'entendre son père lui expliquer que l'étude passe avant le jeu, lui donner des moyens de mieux se concentrer et lui expliquer l'avantage de prendre des notes. Nous ne pouvons pas présumer que l'école enseigne ces choses-là.

En voyant les événements épouvantables qui arrivent dans notre société, je frémis à la pensée que l'échelle des valeurs des enfants est formée par ces exemples outrageants. Les vedettes de la musique rock autant que les escrocs politiques influencent notre mode de vie et prennent des décisions qui ont une portée universelle. Avec de tels exemples sous les yeux, les enfants risquent de causer de grands désappointements à leurs parents, à moins qu'ils ne soient rééduqués dans certains domaines et protégés dans d'autres par les parents eux-mêmes car ils sont leurs premiers éducateurs.

Le fait d'avoir mon fils comme élève a été l'une de mes expériences les plus satisfaisantes. Pendant longtemps, j'avais été accaparé par l'enseignement donné aux autres; puis, un jour, j'ai pensé: «Pourquoi ne pas enseigner à celui qui non seulement t'aime mais considère comme un privilège de t'avoir tout à lui?» Cette expérience a été très enrichissante pour nous deux car elle nous a rapprochés l'un de l'autre.

Le quatrième élément du programme d'enseignement du père, c'est l'amour. L'amour se définit comme le souci pratique des besoins d'autrui. Nos enfants meurent d'envie de recevoir de l'amour de leurs parents. L'enfant qui grandit sans l'amour de son père souffre d'insécurité toute sa vie. L'enfant qui ne se sent pas aimé peut devenir hostile plus tard, et un adulte hostile est difficile à vivre et peut même constituer un danger pour la société.

Nous avons tous connu la génération des *hippies*, ces gens aux cheveux longs et mal habillés qui jouaient de la guitare, dormaient dans la rue et faisaient bien des choses différemment des autres. Parmi ces garçons et ces filles, je me demande combien ont connu l'amour dans leur foyer. Aimer, c'est accepter une personne même si on n'est pas d'accord avec ses attitudes, ses habitudes et son mode de vie.

Les jeunes gens à qui je demande quelle qualité par excellence ils espèrent trouver chez leur père, me répondent tous: «Je voudrais que mon père me comprenne.» Nous ne pouvons pas comprendre parfaitement notre enfant de 8, 12 ou 16 ans, parce que nous avons oublié comment nous nous comportions nous-même à cet âge-là. Mais notre enfant souhaite seulement que nous essayions de le comprendre et que nous l'acceptions même si nous n'approuvons pas tous ses actes.

Bien des enfants quittent le foyer parce qu'ils se sentent rejetés ou parce que leurs parents ne pouvaient pas digérer leur façon de vivre. Le père qui aime son enfant prend le temps de se pencher sur ses peines de coeur, ses problèmes, ses frustrations, ses manies même et tout ce qui vient avec. Bien des parents ne font malheureusement pas la distinction entre aimer quelqu'un et aimer ce qu'il fait. L'agapè, cet amour désintéressé dont parle l'Écriture, accepte les gens tels qu'ils sont, et non pour ce qu'ils font ou pour leur apparence.

Un jour, alors que j'étais à la plage avec ma famille et que nous priions ensemble après le déjeuner, ma fille me fit comprendre une chose importante. Nous parlions des qualités du père de famille et de l'attitude des enfants à son égard, et elle me dit: «À mon âge (elle avait 14 ans), j'ai appris une chose: je me rends compte que je dois t'accepter en tant que personne humaine et non seulement parce que tu es mon père.» Voyez-vous, pour elle, j'étais plus qu'un parent, j'étais une personne humaine ayant mes propres attitudes et sentiments, tout comme elle avait les siens. Elle poursuivit en avouant: «Quand je pense à certaines choses que j'ai dites ou que j'ai faites, j'ai honte de moi et je n'arrive pas à croire que j'ai fait cela.» Pour ma fille, le fait de me comprendre l'aidait à se comprendre elle-même.

Quand il y a une mésentente entre nous et nos enfants, nous devons analyser le point de vue des deux parties: le leur et le nôtre. Les enfants sont des personnes; ils ne sont pas *seulement nos enfants*. Ils ont une personnalité individuelle et nous devons non seulement la respecter mais aussi la mettre en valeur.

Quand, pour la dernière fois, avez-vous dit à votre garçon ou à votre fille que vous l'aimiez? Je connais des pères de famille qui sont trop durs pour dire «Je t'aime» à leurs enfants. D'ailleurs, ces mêmes pères de famille ont peine à avouer à leur épouse qu'ils l'aiment. N'est-elle pas censé savoir cela du seul fait qu'ils l'ont *épousée*?

Pour être un enfant sain et un adulte efficace, il faut de l'amour. Certains adultes n'arrivent pas à avoir des relations humaines harmonieuses parce que leurs parents ne les ont pas aimés ni ne leur ont appris à aimer. Au psychiatre qu'ils vont consulter pour tenter de résoudre leurs problèmes et qui découvre que ceux-ci remontent à leur enfance, ils avouent qu'ils n'ont jamais vu leur père et leur mère s'embrasser, et qu'ils n'ont jamais appris à exprimer l'amour.

Cher lecteur chrétien, savez-vous comment Dieu vous accepte? La Bible dit que vous êtes accepté dans le Christ, le

Bien-aimé. Non pas par votre bonté, mais par Son amour. L'Esprit-Saint répand ce même amour dans le coeur de celui qui croit en Lui, afin qu'il le partage avec les autres, y compris ses enfants.

La cinquième chose qu'un père doit faire, c'est la *discipline*. *À l'enfant, ne ménage pas la correction*, commande le livre des Proverbes (23;13). Aujourd'hui, beaucoup d'enfants sont maltraités. Je n'ai jamais pu comprendre pourquoi un homme brutalise un petit enfant. Ce geste est une perversion de la discipline, perversion transmise de génération en génération. Quant à la discipline, elle est non seulement saine pour les enfants mais essentielle à leur développement.

Il y a quatre erreurs à éviter au chapitre de la correction des enfants. D'abord, ne leur demandez pas la perfection. Même nous, les pères de famille, nous tendons vers la perfection, mais nous l'atteignons rarement. Si, d'après vos normes à vous, votre enfant doit obtenir un A à l'école, il se peut bien que les efforts faits pour vous satisfaire déclenchent chez lui un trouble émotif. Le perfectionnisme forcé engendre la haine, laquelle est très éloignée de la perfection intérieure.

Un jour, un élève de dernière année au collège qui avait des notes moyennes en classe mais qui était un très grand sportif, éclata en sanglots alors qu'il était venu se confier à moi. «Mon père n'est jamais content de moi. Quoi que je fasse, il veut savoir pourquoi je n'ai pas fait mieux que cela. Ses exigences m'écrasent. Il ne veut pas seulement que je réussisse, il veut que je sois un être supérieur. Mais je ne tiens pas à être supérieur aux autres; je veux seulement être moi-même.» Avec beaucoup d'amertume dans la voix, il accusa ainsi son père: «Il n'est sûrement pas lui-même un exemple de réussite!» La discipline sévère de ce père accablait son garçon et détruisait chez lui le sens de l'initiative. Nous devons éviter de commettre l'erreur égoïste qui consiste à essayer de réaliser nos ambitions personnelles à travers nos enfants.

La deuxième erreur, c'est la trop grande contrainte exercée sur nos enfants. Par exemple, quand votre enfant se lève le matin, ne lui dites pas: «Porte donc cette paire de souliers-là. Et ces chaussettes-là. Brosse-toi les dents. T'es-tu lavé les oreilles? T'es-tu lavé le visage? Viens déjeûner. Assieds-toi. Lève-toi. N'oublie pas d'essuyer ta bouche avant d'aller à l'école. T'es-tu bien peigné? As-tu ton lunch? Sois à temps à l'arrêt d'autobus. Reviens à temps à la maison. Quand tu arriveras ici, tu sortiras les poubelles. Le gazon doit être...» etc., etc.

À force de répéter «fais ceci, fais cela» à nos enfants, nous créons chez eux un état d'anxiété et d'ineptie; en guise d'auto-défense, ils développent une attitude de procrastination.

Récemment, j'ai reçu l'appel d'un homme qui avait une difficulté au travail parce qu'il refusait de faire ce qu'on lui demandait. En parlant avec lui, je lui demandai s'il avait l'habitude de remettre ses obligations au lendemain, et il avoua que oui. «Je déteste que quiconque essaie de me dire ce que j'ai à faire», me dit-il. Dans sa jeunesse, quelqu'un lui avait fait détester les ordres et, même à l'âge adulte, il avait encore peine à obéir. Les parents de cet homme n'étaient pas entièrement responsables de son problème, mais ils l'ont tout de même chargé d'un lourd fardeau qui nuisait à sa carrière.

La troisième erreur à éviter, c'est la punition trop sévère. Les enfants ont un sens inné du bien et du mal et, d'habitude, ils savent s'ils méritent une punition ou non. Si les parents sont trop sévères à leur égard, ils deviennent révoltés. La violation continuelle de ieur sens de la justice durcit leur coeur et les remplit d'esprit de vengeance. Ainsi, bien des adultes font leur chemin dans la vie en écrasant les autres sur leur passage pour se venger de l'attitude passée de leurs parents à leur égard.

La quatrième erreur au chapitre de la discipline, c'est le retrait de l'amour. Si vous dites à votre enfant: «Si tu agis comme cela, ne compte plus sur mon aide», vous coupez les liens émotifs entre lui et vous, même si vous ne mettez pas votre menace à exécution. Rappelez-vous aussi qu'aucun enfant ne se sent fort après avoir été rejeté par ses parents.

«Tu es méchant», «Tu ne feras jamais rien de bon», «Pourquoi n'es-tu pas comme ta soeur?» Ces attaques contre la personnalité détruisent l'image que l'enfant se fait de lui-même et traduisent un manque total d'amour de la part de ses parents. Pas étonnant qu'il ait ensuite beaucoup de difficulté à entrer en relation avec les gens, même les plus gentils. J'ai vu des enfants de douze ans complètement emmurés dans leur timidité tellement ils avaient été blessés par leurs parents. L'amour est une force puissante, qu'il soit présent ou absent. Voilà pourquoi il faut toujours habiller notre discipline d'amour.

Sixièmement, *assignez des tâches* à vos enfants. Même si votre enfant n'a que cinq ans, confiez-lui une tâche précise et récompensez-le quand il l'aura effectuée. En agissant ainsi, vous ne l'habituerez pas à être matérialiste mais plutôt à être responsable. S'il n'accomplit pas la tâche qui lui a été assignée, ne lui donnez pas sa récompense. Tout comme notre société libre est basée sur un système de juste récompense pour l'effort accompli, notre vie spirituelle aussi comporte la promesse d'une récompense accordée en échange de loyaux services. Dans une société qui vise le bien-être de chacun et qui promouvoit l'attente d'une récompense indépendante du mérite, les chrétiens doivent propager le principe selon lequel on récolte ce que l'on sème. Si certaines tâches méritent une récompense en argent ou sous une autre forme, d'autres devraient être faites gratuitement, comme contribution au bien-être de la famille. C'est aux parents de déterminer ces tâches et de demander aux enfants de les accomplir afin de leur inculquer l'habitude du don, ainsi que la valeur du travail. Les enfants qui n'ont aucune tâche à accomplir à la maison et aucune stimulation au travail trouveront bien difficile de s'adapter au monde du travail.

Le septième élément de votre formation, c'est la *communication*. Communiquer avec votre enfant signifie pour vous que vous l'écoutiez, non seulement pour entendre ce qu'il dit mais aussi pour comprendre son message. À moins de pouvoir communiquer clairement, les gens ne peuvent pas fonctionner ensemble, et il est navrant de constater que la communication diminue sensiblement dans la société actuelle.

La communication est plus qu'un échange de paroles. Parfois nos enfants ont simplement besoin d'exprimer leurs sentiments, sans attendre d'opinion ou de jugement en retour. Le parent qui sent cela lui communique son intérêt sans même ouvrir la bouche. Être ouvert à tout ce que ressent votre enfant permet d'établir la confiance et l'aide mutuelle entre vous deux.

L'absence de communication provient souvent d'un manque d'amour, car si deux personnes s'aiment, elles peuvent se parler à travers leurs difficultés. L'enfant peut vouloir s'ouvrir à sa mère sur des sujets dont il ne parlerait même pas à son père, et vice versa. C'est la raison pour laquelle une famille compte deux parents.

Remarquez que le verset 6 du chapitre 22 des Proverbes dit: *Enseigne à l'enfant* (non aux enfants) *la voie qu'il doit* (et non qu'ils doivent) *suivre*. Tous les enfants ne peuvent pas être mis dans une même catégorie, car chaque enfant est différent. Avez-vous remarqué et accepté cela chez votre enfant? Chaque enfant se développe à sa façon et à son rythme personnel et a besoin que son père respecte cette particularité. Il serait plus simple pour lui de réunir tous ses enfants en cercle et de dire la même chose à tous, mais parce que chaque enfant comprend à sa façon, les messages entendus seraient perçus différemment d'un enfant à l'autre si le père agissait ainsi.

La communication implique que nous consentions à situer chaque enfant au point de vue émotif, spirituel et physique et à l'aider à avancer dans le plan de Dieu à partir de ce point-là. La communication implique aussi que je continue à échanger jusqu'à ce que je me sente à l'aise avec l'autre et que j'ouvre mon coeur pour accueillir son message.

La huitième étape est *l'encouragement de l'estime de soi*. Chaque personne a besoin d'avoir une bonne image d'elle-même, formée non pas par son amour-propre mais à partir de sa valeur réelle. Rien ne développe autant l'estime de soi chez un enfant que l'approbation, les compliments et l'encouragement de son père. Quand votre enfant ne se comporte pas aussi bien que vous le souhaiteriez, cherchez à le louer pour le bien qu'il a fait et ensuite conseillez-le, sans le critiquer, sur les améliorations à apporter à son comportement. Voilà ce que l'on peut appeler de l'amour concret.

Nous oublions parfois que nos enfants, même rendus à l'âge adulte, ont eux aussi des sentiments. Ignorer leurs sentiments sous prétexte qu'ils n'ont pas atteint notre niveau de compréhension et de compétence est une attitude insensée. Nous devons reconnaître la compétence de nos enfants et accepter qu'ils puissent se tromper. Même quand ils ont délibérément mal agi, au lieu de les condamner, nous pouvons les aider en essayant de comprendre les motifs de leurs actes et en nous rappelant qu'une personne est plus importante que ses actes.

Je rencontre constamment des gens qui sont loin d'avoir l'estime d'eux-mêmes. Et je découvre toujours que ces gens n'ont jamais eu l'approbation de leurs parents. Même quand ils faisaient de leur mieux, ce n'était pas encore assez. Alors, ils ont grandi avec la conviction que ça ne valait pas la peine d'essayer. Si vous ne reconnaissez pas les efforts de votre enfant, sa créativité et son image de soi, et si vous le rabaissez constamment, alors attendez-vous à ce qu'il en fasse autant avec vous quand il sera devenu grand.

Au cours d'une conversation de fin de soirée avec mon garçon alors qu'il était adolescent, je lui avouai ma satisfaction de voir son évolution spirituelle, et c'est alors qu'il me dit: «C'est ce que tu me répètes depuis toujours qui influence mes décisions.» Comme j'avais hâte d'entendre de quoi il s'agissait, mon fils continua en disant: «Quand j'aurai un fils, je lui dirai les mêmes choses que tu me dis toi-même constamment, parce qu'ainsi tu m'encourages et tu m'aides à résister à la tentation. Depuis des années, tu me dis: *Andy, Dieu t'aime et je crois qu'il a un dessein spécial sur toi.*» Évidemment, quand je lui disais cela, mon fils comprenait ceci: «Tu es quelqu'un; tu es aimé», et cela faisait toute la différence.

La leçon suivante porte sur le *traitement de la frustration*. Par exemple, votre fils échoue à un examen et rentre de l'école avec le mot échec écrit sur la figure. Lui dites-vous: «Ah, non, pas encore!» ou plutôt: «C'est difficile, mon fils, mais nous n'abandonnerons pas. Tu veux bien?» Les commentaires négatifs ne rendent pas un enfant positif. Les enfants ont besoin de découvrir, par l'exemple et l'encouragement, que les problèmes peuvent être autre chose que des défaites.

Les adultes sont souvent enclins à diminuer la gravité des problèmes de leurs enfants. Avec les années, ils ont oublié qu'un problème de coeur avec un petit ami ou une petite amie peut être très déchirant. Parfois le père lance, en se moquant: «Oublie cela, ce n'est qu'un amour de jeunesse!» Imaginez quelle réaction vous auriez si vous et votre épouse alliez confier vos difficultés à un conseiller et qu'il vous dise: «Ne vous inquiétez pas, lisez la Bible, priez et oubliez tout cela.» Nous avons malheureusement tendance à oublier que nos enfants sont de vraies personnes avec des problèmes, des frustrations et des anxiétés authentiques.

Plutôt que de leur présenter une solution rapide et simpliste, aidons nos enfants en leur montrant que nous les aimons assez pour les écouter avec sympathie.

Essayez de vous mettre à leur place et demandez-vous: «Comment aurais-je voulu que mon père réagisse si j'avais fait cela?» Nous, les pères de famille, nous devons pratiquer la règle d'or à la maison: «Fais à tes enfants ce que tu aimerais qu'ils fassent pour toi.» En comprenant leurs problèmes et en les aidant à les résoudre, nous enseignerons à nos enfants que le négatif peut être transformé en positif.

Autre point dans la formation de vos enfants: *initiez-les au monde des adultes*. Le monde habité par les grands est rempli de maux, de conflits et de dangers. Plutôt que de cacher à nos enfants l'existence de ces dures réalités, nous devons les préparer à les affronter.

Les tensions économiques actuelles créent des difficultés financières dans bien des foyers. Si c'est le cas chez vous, parlez-en avec vos enfants, votre honnêteté les touchera. Ils seront contents de partager ce souci avec vous et de prier Dieu le Père de vous venir en aide. Faites-les entrer dans ce monde qui sera bientôt le leur et sensibilisez-les au besoin de recourir à Dieu par la prière.

Les enfants ont des choix à faire et leurs parents ne doivent pas les faire à leur place. Apprenez-leur dès leur jeune âge à demander l'aide de Dieu et aidez-les à passer à travers la dure période de la recherche de la volonté de Dieu. Les enfants qui reçoivent de leurs parents des réponses toutes faites se sentiront désemparés quand ces derniers ne seront plus là. En effet, la surprotection empêche les enfants de devenir des adultes.

Tout le monde admet qu'un entraîneur sportif suive de près le progrès de ses joueurs. De la même façon, un président de compagnie suit l'avancement de son entreprise à l'aide de tableaux et de graphiques. Et pourtant, une fois rentré à la maison, c'est à peine s'il s'occupe de l'évolution de ses enfants. Comme nous pouvons être insouciants et bêtes, nous les pères de famille.

Ce n'est pas avec des rapports et des données savantes que nous pouvons suivre nos enfants, mais plutôt par une communication régulière avec eux, par des questions qui démontrent notre intérêt pour eux et par une attitude de fine observation. Il ne s'agit pas de tenir une fiche de pointage sur le comportement de nos enfants mais de rester en contact étroit avec eux.

Le dernier élément du programme que je vous recommande n'a pas l'air d'une tâche, mais c'en est une: *prenez plaisir à être avec vos enfants.* Cela semble plus facile que c'en a l'air parce qu'on a l'habitude de penser que la seule façon d'éprouver du plaisir avec un enfant, c'est de jouer avec lui, alors qu'en réalité, il y en a bien d'autres.

Le jour où j'ai demandé à mes enfants: «Qu'est-ce que vous détestez le plus chez moi?», ils m'ont répondu: «Tu es trop sérieux.» J'ai compris que j'étais trop sérieux parce que j'étais préoccupé par autre chose et qu'il fallait que je m'efforce pour m'amuser avec eux.

Un autre aspect de la joie est l'appréciation. Mais vous ne pouvez apprécier vos enfants si vous ne les connaissez pas bien et si vous ne respectez pas leur individualité. Cela demande du temps et parfois beaucoup de patience. Mais vous en verrez les résultats concrets, car vos enfants apprendront ainsi à mieux vous estimer et à accepter davantage votre échelle de valeurs.

Le président américain Théodore Roosevelt était un père de famille dévoué tout autant qu'un homme d'État consciencieux. Il disait: «Un bon citoyen est d'abord celui qui possède les vertus parce qu'il sait qu'elles découlent des grandes lois de la religion et de la morale. Aucune fortune, aucune réussite matérielle ni aucune gloire artistique ne peuvent remplacer une vie familiale saine.»

6

Qu'est-ce que l'amour?

J e crois que de tous les mots du vocabulaire, le mot *amour* est celui qui est le moins bien compris. Les conflits qui marquent la vie sociale et la vie familiale d'aujourd'hui en sont la preuve. Il suffit d'écouter la radio ou de regarder la télévision et de lire les publications actuelles pour se rendre à la triste et pénible évidence que nous avons galvaudé le mot amour. Un jour, un couple vint me demander des conseils sur le mariage. Je posai au futur époux une question qui le rendit bien mal à l'aise. Je lui demandai: «Aimez-vous réellement cette fille?» Sans hésiter, il me répondit: «Mais bien sûr!» Je lui demandai ensuite de me dire pourquoi il pensait l'aimer. Il me répondit: «Elle m'apporte quelque chose. Je me sens homme en sa présence. Elle est celle que je cherchais. Je la trouve jolie. Je sais que mes parents seront fiers de moi quand ils verront que mon épouse est si jolie...» Il continua ainsi, sans mentionner aucun élément de son amour *pour elle*, mais seulement ce qu'elle éveillait *chez lui*. Cela n'est pas l'amour.

Notre génération a inventé l'expression *amour libre*. Nous savons ce que cette expérience signifie mais l'amour n'est jamais libre. Tout amour coûte quelque chose à quelqu'un. L'*amour libre* est le concept erroné selon lequel une personne peut donner ou recevoir de l'amour sans s'engager. Notre société est tellement blasée qu'elle ne sait plus ce qu'est l'amour véritable ni comment le décrire de façon appropriée.

Une récente chanson populaire disait: «Le monde d'aujourd'hui a besoin d'amour, de l'amour tendre», mais je ne suis pas certain que la version moderne de l'amour aiderait beaucoup l'homme actuel. Les chansons d'amour modernes ne parlent pas le même langage que les hymnes d'amour divin et les vieilles ballades qui reliaient le sacrifice au don de soi. La Bible parle de l'amour véritable, depuis la Genèse jusqu'à l'Apocalypse. Cet amour englobe Dieu et le genre humain et il reconnaît différentes sortes d'amour.

Dans le 5e chapitre de l'épître aux Éphésiens, Paul parle de la qualité, de la profondeur et de l'âme de l'amour que l'homme complet a pour sa famille. Sans détour, il donne le commandement suivant: *Maris, aimez votre femme comme le Christ a aimé l'Église en se livrant pour elle* (verset 25). Nous, les maris, nous comprenons si bien son message que nous haussons les épaules et détournons la tête en espérant entendre des paroles plus réalistes. Mais avant de mettre de côté la parole de Dieu, regardons-y de plus près.

Il existe bien des définitions humoristiques de l'amour, mais voici l'une de mes favorites:

L'amour est une chose bien étrange.
On peut le comparer à un serpent;
Il s'enroule si bien autour de votre coeur
Qu'à la fin, il vous pend.

Voici une autre description de l'amour: «Une cloche n'est pas une cloche tant qu'elle n'a pas sonné, une chanson n'est pas une chanson tant qu'elle n'a pas été chantée et l'amour n'est pas l'amour tant qu'il n'a pas été donné.» Il y a beaucoup de vérité dans cette poésie mais elle ne nous donne pas encore la définition de l'amour véritable.

L'amour véritable

Essayons de définir l'amour. L'amour est un sentiment fort, généreux et tendre qui nous pousse à faire pour une autre personne ce qu'il y a de mieux pour elle. Cette conception de l'amour est la plus pure; c'est l'amour agapè de Dieu envers l'homme, Sa créature spéciale.

La confusion qui entoure notre conception de l'amour vient en partie du fait que nous employons le même mot pour décrire une grande diversité de sentiments. Nous aimons notre épouse, notre mère, notre chien, les friandises au chocolat et nous aimons aussi la réussite. D'autre part, s'il y avait un mot spécifique pour exprimer chaque sorte d'amour qui existe, le dictionnaire serait considérablement plus compliqué.

D'après la Bible, l'amour est un sentiment profond créé par Dieu pour unir les hommes entre eux. L'amour nous attire les uns vers les autres et nous unit dans un même esprit.

Avez-vous expliqué à vos enfants ce qu'était l'amour véritable? Ils en parlent à l'école, ils lisent sur le sujet, ils entendent des chansons d'amour, mais connaissent-ils votre version? Est-elle la même que celle de Dieu? Savez-vous comment la leur présenter?

Quand vous dites: «Chérie, je t'aime», entendez-vous «J'aime ton apparence aujourd'hui» ou «J'aime le merveilleux déjeuner que tu as préparé»? Comme vous voyez, le mot amour a plusieurs sens différents.

Le faux amour

L'homme sensible sait qu'il existe une nette distinction entre le sexe et l'amour. Le sexe devrait inclure l'amour mais souvent, ce n'est pas le cas. Bien des chansons populaires décrivent l'amour comme un simple désir animal, bien en-dessous de la dignité des sentiments que sont appelées à vivre les personnes créées à l'image de Dieu. Loin d'être de l'amour, les relations sexuelles défendues sont un péché par lequel l'homme qui s'y adonne cause *sa propre perte* (Prov. 6;32).

Il n'y a pas seulement les célibataires qui ignorent la nature de l'amour véritable. Il peut arriver que des couples mariés expriment de l'hostilité ou du mépris durant l'acte sexuel. Le sexe devient l'expression d'une foule de sentiments mais là n'est pas le plan de Dieu. L'acte charnel étant l'expression de la plus haute intimité entre le mari et l'épouse, sa perversion devient l'extrême travestissement de l'amour.

La femme aimerait passer toute sa vie à vivre l'amour romantique et on ne peut pas l'accuser de sentimentalité puérile puisque Dieu l'a créée pour être aimée. Si vous avez perdu tout souvenir de la période romantique de vos fréquentations, vous êtes bien à plaindre. Sexualité, amour et romanesque ne sont pas toujours synonymes mais ils peuvent l'être, car ils le sont chez l'homme complet.

L'amour romantique s'exprime par de petites attentions et par l'admiration. L'homme romanesque sait ce qui plaît à une femme, ce qui l'émeut et ce qui lui cause d'heureuses surprises. Son attitude murmure à son oreille: tu es la personne la plus importante dans ma vie.

Quelqu'un a déjà dit que dans son enfance la femme a besoin d'amour et d'attention, que dans sa jeunesse elle a besoin de plaisir; dans la vingtaine, elle a besoin de romanesque, dans la trentaine d'admiration, dans la quarantaine de sympathie, et dans la cinquantaine d'argent. Quant à moi, je pense qu'une femme a toujours besoin de la même chose, quel que soit son âge, et c'est d'amour et d'attention. Cela ne change jamais.

L'extrait suivant d'une chanson américaine offre l'une des meilleures descriptions de l'amour romantique.

Souffle-moi un baiser de l'autre bout de la pièce,
Dis-moi que je suis belle, même si c'est faux.
Touche mes cheveux en passant près de moi,
Les petites choses ont tant d'importance.
Donne-moi ton bras pour traverser la rue,
Téléphone-moi à 18 heures pile.
Un jour où tu es loin de moi, un mot tu m'écriras.
Les petites choses ont tant d'importance.
Donne-moi ta main lorsque je me sens perdue
Laisse-moi pleurer sur ton épaule
Que le jour soit clair ou sombre
Donne-moi ton coeur et sa force.
Donne-moi la chaleur d'un sourire secret
Pour me prouver que tu n'oublies pas.
Car aujourd'hui et demain et toujours,
Les petites choses ont tant d'importance.

Si vous ne savez pas faire la différence entre l'amour véritable et l'amour perverti, déformé, posez-vous la question suivante: cet amour va-t-il m'aider à m'approcher de Dieu? Si la réponse est négative, ce n'est pas de l'amour véritable.

L'homme qui connaît les desseins de Dieu sur lui sait comment traiter son épouse. Il comprend que l'amour véritable vient du coeur, qu'il s'exprime de bien des façons et qu'il vise à aider l'autre à se conformer au dessein que Dieu a sur elle.

Certains hommes donnent à la femme un manteau de vison ou des diamants pour obtenir d'elle ce qu'ils veulent;

d'autres essaient les parfums ou les repas tout préparés d'avance. Mais rien ne peut remplacer l'amour gratuit de l'homme fiable et responsable, qui aime l'autre, qui la protège et qui est toujours prêt à lui rendre service. Cet homme-là aime, sans attendre quoi que ce soit en retour.

Arrivés à l'âge adulte, bien des gens ont tellement joué avec l'amour qu'ils ne se rendent pas compte que l'amour véritable existe vraiment.

Les jeux de l'amour

D'abord, il y a l'amour manipulateur. Comme s'il jouait aux charades, un des conjoints fait accepter ses idées en faisant croire à l'autre que c'est pour son bien. À ce jeu, les deux participants sortent perdants.

Ensuite, il y a l'amour vendu: tu me donnes ceci et je te donne cela. Parfois ce troc prend l'allure d'une farce, mais il conserve quand même un ton sérieux. Faire du troc signifie échanger un bien contre un autre mais dans le mariage, cet échange produit souvent des fruits amers. En effet, ce qui commence comme un jeu tourne souvent en compétition méchante.

L'amour conditionnel est une troisième forme de jeu: «Oui, je t'aime, mais je t'aimais plus quand tu te levais le matin pour préparer mon déjeuner.» Ou bien: «Comment puis-je aimer un fils qui craint de faire valoir ses droits?» Ce genre d'amour inconstant ressemble plus à un jeu de hasard qu'à autre chose et vous pouvez être certain qu'à ce jeu-là, les dés sont pipés contre vous.

La plupart d'entre nous ont souffert de l'amour conditionnel durant leur jeunesse, mais ils ont appris à s'en tirer. J'ai lu récemment l'histoire d'un homme qui a découvert dans la cinquantaine avancée qu'il avait aimé son épouse et ses enfants conditionnellement. Même ses contacts sociaux étaient faits moyennant un profit pour lui. Cet homme a révélé un jour: «Parce que l'amour que je donnais était conditionnel, je ne me suis jamais senti pardonné par Dieu ou même digne de l'être. J'ai été élevé par des parents qui me donnaient tout à la condition que je sois bon, que je leur obéisse et que je ne les ennuie pas.»

L'amour conditionnel engendre la séparation plutôt que l'union. Les gens ont besoin d'être aimés pour ce qu'ils sont et non pour ce qu'ils font, ce qu'ils promettent de faire ou ce qu'ils donnent. L'amour inconditionnel nous fait aimer l'autre pour lui-même, sans autre condition.

Parlons maintenant d'un jeu pervers relié à l'amour: il s'agit de la dépendance ou de l'obligation. Je veux parler des manoeuvres subtiles d'un parent qui veut occuper la première place dans la vie de l'un de ses enfants devenu grand. L'accablement, la privation d'un héritage ou la menace du suicide sont autant de tactiques utilisées par certains parents pour empêcher un fils ou une fille de vivre une vie normale. Les parents devraient pourtant avoir passé l'âge de jeux aussi idiots.

Comment Dieu nous aime-t-il? *Dieu a tant aimé le monde qu'Il a donné son Fils unique; ainsi, tout homme qui croit en Lui ne périra pas, mais aura la vie éternelle* (Jean 3;16). *Ni la mort, ni la vie, ni les anges, ni les principautés, ni le présent, ni l'avenir, ni les puissances, ni les sommets, ni les abîmes, ni quoi que ce soit dans la création n'arriverait à nous séparer de l'amour que Dieu nous témoigne en Jésus-Christ notre Seigneur* (Rom. 8;38-39).

Les chrétiens peuvent vivre la même qualité d'amour car *l'amour de Dieu a été répandu dans nos coeurs par l'Esprit-Saint dont nous avons été gratifiés* (Rom. 5;5).

Mendiants d'amour

Certaines gens ont beaucoup de mal à aimer; je veux parler entre autres de ceux qui ont une pauvre image d'eux-mêmes. Jésus a dit: *Aimez votre prochain comme vous-même*, voulant dire par là «prenez soin de lui comme vous prenez soin de vous-même». Mais si quelqu'un ne s'aime pas lui-même, ce n'est pas facile d'aimer les autres.

Avez-vous du mal à exprimer vos émotions? Est-ce qu'au fond de vous-même, vous ressentez le besoin d'exprimer votre amour à l'autre mais n'arrivez pas à le faire? Certains craignent d'exprimer leurs sentiments profonds parce qu'ils ont déjà été blessés après l'avoir fait. S'ils se tiennent aujourd'hui sur leurs gardes, c'est pour éviter la répétition de la même expérience.

Les enfants de Dieu devraient être les gens les plus aimables du monde, mais eux aussi sont marqués par les rejets et les regrets du passé. Pourtant Dieu nous permet d'aimer; Il nous rend conscients que nous risquons de souffrir en aimant mais Il nous comble en même temps de beaucoup d'amour qu'Il nous demande de partager. Sommes-nous prêts à recevoir cet amour qui guérit?

Une autre catégorie de gens qui ont du mal à aimer sont ceux qui sont poussés à rechercher l'excellence dans le travail, dans le sport ou dans un passe-temps. Notre sens national de la compétition et de la confiance en soi pousse d'ambitieux hommes et jeunes hommes vers les sommets et détournent leur attention des affaires secondaires. Il y a aussi beaucoup de jeunes gens perturbés émotivement qui sont déterminés à montrer leur valeur par leurs exploits solitaires.

Pour ces hommes avides d'amour, le succès se mesure par l'accumulation de richesses et d'honneurs. Ils expriment leur affection aux leurs en leur offrant des cadeaux coûteux et ils sont tout surpris que ceux-ci ne montrent qu'une reconnaissance temporaire. Ils ne réalisent pas que leur famille a besoin d'amour avant tout; quelqu'un doit leur apprendre à aimer. Connaissez-vous de telles gens?

Je crois que bien des conjoints sont tellement ignorants à propos de l'amour qu'ils en viennent à songer à la séparation ou au divorce. Ils pensent qu'ils s'aiment vraiment l'un l'autre, mais ils sont déçus de n'avoir connu que les jeux de l'amour, accompagnés du goût aigre-doux de l'érotisme. La solution à leur problème, c'est Dieu lui-même.

Le sujet de l'amour est plus profond qu'un océan. Nous ferions bien de réviser, par la raison et la prière, les relations d'amour que nous entretenons avec notre famille. Quel genre d'amour lui donnons-nous: est-ce de l'amour conditionnel, de l'amour vendu ou de l'amour manipulateur? Commençons dès aujourd'hui à aimer sans déguisement et sans crainte de souffrir. Imprégnons-nous toujours plus parfaitement de l'amour de Dieu afin de nous débarrasser de plus en plus de nos fragilités humaines.

J'entends souvent des gens se plaindre de leurs concurrents en amour. Par exemple, bien des épouses ont le sport comme concurrent. Par un beau dimanche après-midi, elles s'embêtent pendant que leur mari et leurs enfants regardent une partie de balle. Et cela n'arrive pas seulement le dimanche. Bien entendu, ce n'est là qu'un symptôme, et non le vrai problème. Mais il est possible pour le mari de remédier à cela pour prouver à son épouse qu'elle compte plus à ses yeux que le sport.

La télévision aussi peut être le concurrent de votre épouse. Ou peut-être est-ce votre passe-temps favori qui occupe toutes vos heures de loisir? Votre épouse ne dira pas que ces occupations sont mauvaises en soi, mais elle se sentira diminuée si elles lui enlèvent la première place dans votre emploi du temps.

Troisièmement, même vos amis peuvent être des rivaux pour votre épouse. Certains maris accordent plus de temps et d'attention à leurs amis qu'à leur épouse. Cette attitude est très blessante et n'est pas digne d'un homme sensé. Y a-t-il un de ces rivaux dans votre ménage? Votre épouse doit-elle affronter l'un de ces trois concurrents? Serait-elle justifiée de dire (même si elle n'osera pas): «Je ne peux pas me mesurer à tes amis, tes passe-temps, la télévision, ton travail et tout ce que tu sembles préférer à ma propre présence.»? Si oui, voici ce que vous devez faire: envoyez promener les concurrents de votre épouse et déclarez-lui en personne: «Chérie, je te demande pardon de t'avoir délaissée pour m'adonner à mes activités; tu comptes plus qu'elles pour moi; aussi, à compter de maintenant, tu auras la première place.» Quand vous lui direz cela, soyez prêt à tout... car votre épouse pourrait bien s'évanouir! Prenez aussi les moyens pour tenir votre promesse; vous verrez, ce ne sera pas si difficile que vous le croyez.

Aimeriez-vous mesurer votre capacité d'amour véritable, celui qui vient de Dieu? Alors lisez le chapitre 13 de la première épître aux Corinthiens et remplacez les expressions: *La charité est patiente, La charité est bonne* par *Je suis patient, Je suis bon* et ainsi de suite. Vous avez du chemin à faire? Ne vous en faites pas, le Dieu d'amour vous aidera.

Comment Jésus a-t-il aimé l'Église? Jésus S'est identifié à l'Église en l'appelant Son corps. De même, l'homme qui aime son épouse s'identifie à elle avec joie. Le Seigneur Jésus pourvoit à tous les besoins de l'Église; ainsi le mari doit-il pourvoir à tous les besoins de son épouse, avec l'aide de Dieu. Le Seigneur Jésus protège son peuple; le mari doit lui aussi protéger son épouse. Jésus s'est donné lui-même pour combler les besoins spirituels de Son peuple; le mari fidèle se donne lui aussi à son épouse afin de satisfaire ses besoins émotifs et spirituels.

Le mari qui aime son épouse et qui l'aide à devenir pleinement elle-même est le premier à en bénéficier. Jésus n'a-t-il pas dit: *Donnez et vous recevrez?* L'épouse qui est aimée de son mari lui donne en retour beaucoup plus qu'il espérait et bien plus qu'il ne mérite.

La plus grande preuve d'amour du Christ pour nous a été Sa mort sur la croix. Nous trouvons là l'idéal de l'amour généreux, illimité, inégalable et sans mesure. De bien des façons, Jésus nous dit: *Aimez votre épouse comme je vous aimés.* Si cela nous semble impossible, rappelons-nous cette parole de Jésus: *Aux hommes cela est impossible; mais tout est possible à Dieu* (Matt. 19;26).

Pour vivre ce genre d'amour, il faut d'abord tomber amoureux de Jésus-Christ, la source du véritable amour. Bien des chrétiens ont été lavés de leurs fautes grâce à leur foi dans le Christ mais, faute d'être tombés amoureux de leur Sauveur, leur capacité d'amour est faible. Sentez-vous le besoin de donner votre vie totalement au Christ afin d'être rempli de Son amour? Si oui, récitez cette prière: «Seigneur Jésus, je veux aimer mon épouse avec mon esprit, avec mon coeur et avec mon corps afin de l'aider à développer tout son potentiel. J'offre mon corps d'abord à Toi, Seigneur, comme un sacrifice vivant, afin que ma vie reflète la parfaite volonté de Dieu. Amen.»

7

L'homme au coeur ouvert

Avez-vous déjà entendu l'histoire du mari qui nettoyait la maison chaque samedi matin pendant que son épouse restait au lit? Il fit ce travail avec amour pendant dix ans, sans faire état de son désintéressement. Imaginez la consternation de cet homme quand, un jour, sa femme lui lança de façon explosive: «Si tu crois que je suis si mauvaise ménagère que ça, pourquoi ne fais-tu pas le ménage chaque jour?»

Cette histoire est probablement fictive, mais elle ressemble étrangement à des situations réelles. Elle montre l'importance d'une bonne communication entre le mari et l'épouse. L'industrie dépense des millions de dollars chaque année pour aider les employés à communiquer plus efficacement, mais on fait très peu pour améliorer la situation au foyer. Un groupe de psychologues à qui j'en ai parlé prétend que dans bien des domaines de la vie familiale, l'incomptabilité est imputable au manque de communication.

Parler et écouter avec compréhension: voilà la plus simple définition de la communication. Écouter n'est pas une action passive; elle demande au contraire que l'on porte attention à l'autre avec nos oreilles, notre esprit et notre coeur afin de comprendre ce qu'il dit. Pour avoir une idée précise de la communication, il faut remonter à la Genèse.

Dieu a créé le genre humain surtout pour qu'il vive le compagnonnage. Aussi a-t-Il amélioré sa créature en commençant par supprimer la solitude: il a donné à Adam une épouse afin qu'il ait toujours une compagne près de lui. Pour que cette situation dure, Adam et Ève devaient essentiellement communiquer l'un à l'autre leurs sentiments profonds. Pour qu'Ève puisse compléter Adam et l'aider à se réaliser pleinement selon le plan de Dieu, elle devait, indispensablement, bien communiquer avec lui, car une rupture de la communication dérange le déroulement normal de la vie.

Puissance de la parole

La Bible dit: *Si l'homme ordinaire surveille sa parole, combien plus encore l'homme parfait.* Aucun d'entre nous n'est parfait mais il est toujours bon de viser haut. Toute l'Écriture sainte nous rappelle la puissance de la parole. Job se plaignait ainsi à ses amis: *Jusqu'à quand affligerez-vous mon âme et m'accablerez-vous de vos discours?* (Job 19;2.) Un grand nombre d'époux et d'épouses pourraient dire la même chose! Dans les Proverbes (18;21), nous lisons que *mort et vie sont à la merci de la langue.* Toute l'Écriture nous fait voir que nos paroles ont le pouvoir de bâtir ou de détruire les autres. Cela est encore plus vrai pour deux personnes qui vivent ensemble intimement. Parce que nous savons que *la langue, elle, nul homme ne peut la dompter; mal irréductible, elle est remplie d'un venin mortel* (Jacques 3;8), nous sentons le besoin d'examiner plusieurs choses.

Dans nos relations humaines, il est important que nous communiquions nos sentiments et nos réactions personnelles. On a déjà dit que la communication entre un époux et son épouse peut être définie comme étant l'exploration de la profondeur de leurs sentiments respectifs et comme une aventure au pays de leurs émotions.

La plupart des échanges entre êtres humains se passent à un niveau superficiel, sans jamais descendre au niveau profond souhaité par Dieu. Même si nous dissimulons nos émotions sous un bel emballage de paroles, elles s'échappent parfois à travers un regard, un geste ou même la position de tout notre corps.

Examinons la conversation qui eut lieu entre Satan et Ève dans le Paradis terrestre. Satan tint à Ève à peu près le langage suivant: «Ce n'est pas ce que Dieu a dit; ou, s'Il a dit cela, ce n'est pas vraiment ce qu'Il voulait dire. Tu n'as pas compris ce que Dieu t'a dit.» (Genèse 3;5.) La déformation de la communication a joué un grand rôle dans la perte du Paradis que l'homme a subie.

J'ai déjà lu le message suivant dans une bande dessinée: «Je sais que tu crois comprendre ce que j'ai dit mais je ne suis pas certain que tu prennes conscience que ce que tu as entendu n'est pas ce que j'ai dit.» À lire cette réplique, on dirait bien que les deux interlocuteurs ne se comprennent pas du tout. Les messages adressés à une autre personne peuvent être donnés et reçus de bien des façons différentes, comme on le voit ici:

vous pensez avoir dit ceci ou cela
vous vouliez dire ceci ou cela
ce que vous avez effectivement dit
ce que votre interlocuteur a entendu
ce que votre interlocuteur dit à propos de votre message,
ce que vous pensez que votre interlocuteur a dit au sujet de votre message.

Vous venez de parler à votre épouse et vous pensez qu'elle vous a bien compris, mais son esprit a saisi autre chose que le message transmis par vos mots. Parfois nous disons quelque chose de façon bien ordinaire et nous nous attendons à ce que notre interlocuteur comprenne exactement ce que nous avons dit. Nous tenons pour acquis qu'il a compris ce que nous avons dit, ce que nous voulions dire et ce que nous ressentions. Mais les miracles n'arrivent pas si facilement. Il arrive que notre interlocuteur comprenne une chose d'après l'expression de nos yeux, une autre d'après nos gestes et une autre encore d'après les mouvements de notre bouche, d'où la confusion ou la mésentente entre lui et nous.

Vous n'avez qu'à penser aux difficultés de communication que vous avez eues avec les personnes que vous connaissez depuis de nombreuses années pour vous rendre compte à quel point la bonne communication n'est pas chose facile. Pensez seulement à ce qui est arrivé dans la semaine en cours.

Faites l'expérience suivante: donnez des directives simples aux membres de votre famille et demandez ensuite à chacun d'eux de répéter ce que vous avez dit; vous serez surpris par la différence des réponses.

Nos mésententes tiennent souvent au fait que nous captons les propos d'autrui à travers nos sentiments et nos façons de voir, déformant ainsi le message original. Parfois aussi nous n'entendons pas le vrai message transmis parce que nous sommes trop affairés à préparer notre réponse à ce message. Deux êtres qui vivent ensemble pour le reste de leur vie ont un enjeu élevé en communication.

Dans d'autres cas, nous n'arrivons pas à traduire nos émotions en mots. On dira: «Je sais comment je me sens, mais je ne sais pas comment l'exprimer.» En plus de suivre un cours de recyclage dans leur langue maternelle (ce qui profiterait à beaucoup de gens), ceux qui veulent améliorer la qualité de leurs communications devraient pratiquer chaque jour et s'armer de beaucoup de patience, car apprendre à bien communiquer n'est pas facile.

Avez-vous remarqué que la plupart des conjoints jouent au chat et à la souris entre eux? Au lieu de chercher à exprimer leurs émotions avec le plus de franchise possible, ni l'un ni l'autre ne prête attention à ce que dit ou ressent son interlocuteur. Deux êtres qui communiquent mal entre eux agrandissent la distance émotive qui les sépare.

Après des années de counseling, je suis maintenant convaincu qu'une des causes majeures des mariages brisés est le refoulement des émotions. Bien des conjoints vivent comme des étrangers parce qu'ils n'ont jamais appris à accepter ou à exprimer leurs émotions les plus secrètes. De peur de blesser leur conjoint ou de mettre à nu leurs faiblesses personnelles, ils refoulent leurs émotions jusqu'au jour où une crise les fait éclater, faisant ainsi perdre ses illusions à leur partenaire. Chacun est énervé par ce choc soudain, mais la cause existe en fait depuis fort longtemps.

Les conjoints devraient apprendre à communiquer le plus tôt possible dans leur vie de couple. Je me souviens de mon premier problème de communication avec mon épouse. Nous étions dans un chalet au lac Lure, en Caroline du Nord, et c'était durant notre lune de miel. Mon épouse avait préparé notre premier repas, un bon poulet frit, et nous nous assîmes à table pour le déguster. Je demandai à mon épouse où se trouvait la sauce. Elle me dit: «Nous n'avons jamais mangé notre poulet avec de la sauce.» Et moi, je rétorquai: «*Je* n'ai *jamais* mangé de poulet *sans sauce.*» Elle se leva doucement de table et commença à préparer la sauce; seulement, comme elle ne savait pas la faire et qu'elle ajoutait toujours trop de ceci ou de cela, elle en prépara cinq litres. Ça ressemblait davantage à du Jell-O qu'à une sauce pour le poulet, mais elle a appris depuis. J'aurais pu, cette fois-là, me mettre à bouder et me demander en moi-même: «Quand va-t-elle apprendre à préparer un repas comme il faut?», mais je me suis exprimé ouvertement et c'est ainsi que mon épouse a pu répondre à ma demande. Depuis ce jour-là, j'ai mangé bien des fois du poulet frit avec une bonne sauce.

Les cercles de la communication

Examinons de près les cinq niveaux de communication - je préfère parler de cercles plutôt que de niveaux. Le cercle le plus extérieur, où nous nous sentons le plus en sécurité, est celui des clichés tels que: «Comment allez-vous? Je suis content de vous voir. Vous avez l'air bien. J'espère que vous allez bien. Comment va votre famille?» Ces phrases ne veulent rien dire. Elles ne nous apprennent rien et ne véhiculent aucune émotion.

Le deuxième cercle de communication est celui de la répétition de faits vécus. «As-tu entendu parler de ceci ou de cela?» ou bien encore «Les nouvelles d'aujourd'hui sont de mauvais augure.» Ces phrases transmettent de l'information portant sur des événements connus publiquement.

Le troisième cercle traduit votre volonté d'exprimer vos propres idées ou vos opinions personnelles. «Son opinion était très sévère» ou encore «Je ne suis pas d'accord avec cela.»

À un niveau encore plus profond, on retrouve la franche expression des émotions: «Pour être honnête avec toi, chérie, je me sens un peu blessé.»

Et le dernier cercle de communication, le plus intérieur, est celui qui est utilisé pour permettre au coeur de s'ouvrir, tout

simplement, sans motif secret. C'est l'outil de celui qui cherche la paix, en ayant la conscience en paix.

Bien des couples ne dépassent jamais le troisième cercle de
communication; ils veulent bien parler des lieux, des
événements et des idées mais ils reculent devant
l'engagement personnel. Avec eux, il y a très peu de contact
de coeur à coeur.

Les hommes sont souvent insensibles aux besoins de leur
famille parce qu'ils ne sont pas vraiment à son écoute. Dans
bien des cas aussi, notre famille ne sait pas communiquer
avec nous et quand elle le fait, nous n'écoutons pas. Ou encore nous n'écoutons que les mots et non leur sens réel. Par
exemple, si votre épouse vous dit: «Je ne me sens pas bien»,
il se peut qu'elle veuille dire: «Chéri, serre-moi fort dans tes
bras.» Si nous entendons seulement les mots d'un message,
le sens réel de celui-ci peut nous échapper complètement. Un
mariage serein repose sur la connaissance de faits qui sont
nul autre que des émotions.

Nous avons tous entendu parler de ces rares occasions où
les fils téléphoniques se croisent et envoient des messages in-
sensés à ceux qui utilisent leur appareil, engendrant chez eux
frustration, angoisse et impuissance et causant l'arrêt de bien
des affaires importantes. Bien des communications entre
époux et épouses subissent le même sort et sont même plus
compliquées à cause de l'incapacité de l'un ou de l'autre à
cerner le problème ou à le résoudre.

La plupart des hommes refrènent instinctivement leurs
émotions. Nous nous sentons complètement désemparés devant une personne en larmes et nous ne comprenons pas que
les éruptions émotives même passagères puisent leur source
dans des eaux profondes. Les émotions ont un sens profond

et souvent inexplicable. Si nous, les hommes, nous les non émotifs, voulons vivre une vie harmonieuse avec notre épouse, nous devons satisfaire ses besoins au niveau le plus profond de son être. Les larmes expriment d'habitude un besoin criant de tendresse, non de paroles, mais il n'en faut pas moins s'asseoir pour essayer de comprendre et résoudre le problème. Voilà une bonne occasion pour le mari d'ouvrir son coeur, tout doucement.

Récemment, alors que je répétais les voeux du mariage à un couple, j'ai pris conscience en plein milieu de la cérémonie que le texte ne contient aucun «si». «Je te prends pour épouse et je promets de prendre soin de toi à partir de ce jour, pour le meilleur et pour le pire, dans la richesse comme dans la pauvreté, dans la maladie comme dans la santé, jusqu'à ce que la mort nous sépare.» Le mariage est un contrat, mais il est aussi une relation. C'est le don volontaire de tout l'être, même de son aspect émotif, d'une personne à une autre. Demandez-vous si vous vous êtes donné émotivement à votre épouse.

Aides et obstacles

Nous parlerons maintenant de ce qui aide la communication et de ce qui y fait obstacle. D'abord, les obstacles.

Le rythme trépidant de la vie moderne est une menace pour la communication parce qu'il tend à nous faire passer à côté de tout ce qui est subtil. Un conseil, messieurs les maris: détendez-vous lorsque vous êtes à la maison.

L'impatience fausse la communication. L'irritation émotive brouille les ondes et répand des parasites dans l'air, causant ainsi une mauvaise transmission et une mauvaise réception des messages. Si vous êtes tendu, prenez donc trois bonnes respirations avant de parler, ça ira mieux pour tout le monde.

Bien communiquer demande tellement d'attention que tout notre être doit y être engagé. D'ailleurs, qui d'entre nous réussit à bien faire deux choses à la fois? La prochaine fois que vous communiquerez avec votre épouse, accordez-lui toute votre attention.

La sensibilité est comme un miroir qui capte même les ombres, tandis que l'insensibilité fait dévier la communication comme si celle-ci se heurtait à un mur. L'Esprit-Saint qui habite en vous est le suprême Communicateur: Il communique le murmure de votre âme à votre Père des cieux et, de même, il peut communiquer vos émotions à votre épouse. Demandez donc au Père de toutes les âmes de rendre la vôtre sensible.

Les tabous peuvent aussi être un obstacle à la communication. Évitez-vous inconsciemment les sujets de conversation qui ont déjà déclenché des guerres entre vous et votre épouse? Si oui, vous devriez songer à aborder ces sujets, sans quoi votre relation manquera toujours de profondeur.

Les enfants sont souvent un obstacle à la communication. Quand j'entends des parents me dire qu'ils n'ont jamais fait garder leurs enfants, j'ai envie de leur dire qu'ils ont ainsi raté l'occasion de bien des expériences enrichissantes. Même si vos enfants sont jeunes, vous devriez les mettre tôt au lit afin que vous et votre épouse puissiez parler seul à seul et ainsi apprendre à mieux vous connaître. C'est surprenant ce que vous pourriez découvrir chez votre épouse alors qu'elle est détendue. De plus, chaque couple devrait s'évader régulièrement de ses enfants afin de nourrir sa propre relation.

Chez certains couples, la trop grande indépendance des deux conjoints les empêche de communiquer. Une jeune dame qui était venue me parler de son futur mariage se vanta d'être indépendante, mais elle reconnut que c'était chez elle un défaut. L'attitude indépendante transmet à l'autre le message suivant: «J'ai besoin de toi seulement pour les choses ordinaires; n'essaie donc pas de me posséder entièrement.» Cette réserve empêche le partage que Dieu a voulu au sein des couples mariés: au lieu de ne faire qu'un, les deux conjoints demeurent deux.

L'hypocrisie est un autre obstacle à la communication. Certaines gens croient que c'est faire preuve de raffinement et de dignité que de ne pas montrer ses émotions. Il se peut que vous ne soyez pas affublé du masque moderne qui consiste à se montrer meilleur que l'on est en réalité, mais bien des hommes souffrent de ce défaut. Et, comme ils ne se montrent pas sous leur vrai jour, leur vie conjugale en est totalement faussée.

Si vous n'avez pas encore communiqué profondément, peut-être vous sentez-vous rejeté par votre conjoint. Vous vous inquiétez de savoir ce qu'il pensera de vous si vous lui avouez ce que vous ressentez réellement? Pourtant, la Bible affirme que l'amour parfait dissipe la peur. Comment l'amour peut-il fleurir entre deux personnes si elles craignent d'exprimer leurs émotions? Si vous et votre épouse vous faites confiance, vous devriez pouvoir parler de vos objectifs, de ce qui vous plaît, de ce qui vous blesse. Commencez lentement en explorant de nouveaux sentiers d'intimité et, avec le temps et de la patience, votre relation vous apportera des joies et des satisfactions inespérées.

Il existe heureusement des méthodes pour améliorer la communication et en écarter les obstacles.

Parlez clairement. D'abord, prononcez bien et ensuite assurez-vous qu'on a entendu votre message. Bien parler, c'est faire preuve de respect et de considération pour son interlocuteur; c'est aussi une façon de s'assurer son attention.

Parlez avec gentillesse, jusqu'à ce que votre message soit bien compris. Nous, les hommes, nous avons tendance à nous retirer ou à bouder lorsque la conversation s'envenime. Mais après la pluie vient le beau temps et c'est ensemble que le mari et la femme doivent expérimenter l'une et l'autre. La patience moissonne la paix.

Cherchez plus à comprendre votre épouse qu'à être compris par elle. Le surcroît d'amour qu'elle vous témoignera vaut bien le petit effort que vous ferez.

La communication entre conjoints s'accroît proportionnellement au temps qu'ils passent ensemble pour parler et pour s'observer mutuellement. Le fait de partager des activités communes leur ouvre de nouveaux horizons et les aide à s'apprécier davantage.

Trop peu de conjoints connaissent le rapprochement que produit le fait de prier ensemble. Je crois que le plus haut niveau de communication que deux personnes peuvent atteindre est celui qu'ils expérimentent lorsqu'ils parlent à Dieu ensemble. En communiquant sincèrement avec Dieu, ils en viennent à épouser de plus en plus les idéaux l'un de l'autre. Parfois, nous pouvons dire des choses sur nous-même dans la prière silencieuse que nous ne dirions pas tout haut. Durant la prière que vous ferez en commun, votre conjoint sentira l'amour qui brûle dans votre coeur, ainsi que votre humilité et vos aspirations spirituelles, et cela le rapprochera de vous.

Partagez un ou plusieurs intérêts avec votre conjoint. Cela vous demandera peut-être de sacrifier un passe-temps que vous aimez, mais le compagnonnage qui naîtra de cette activité commune renforcera votre union et vous permettra de combler vos besoins respectifs. Commencez par une activité toute simple si vous voulez, mais que c'en soit une qui vous plaît à tous les deux.

Maturité émotive

Dieu a créé le couple afin qu'ensemble les deux conjoints créent un élément de plus qui n'existerait pas s'ils vivaient séparément. Mais les deux ne peuvent s'accomplir entièrement que s'ils partagent ce qui est le plus intime à chacun et si chacun travaille pour le bien de l'autre. Tout ce qui reste caché aux yeux de l'autre n'a pas la chance de s'épanouir. Alors, pourquoi ne pas essayer de vivre selon le plan de Dieu?

Si Dieu est absent du mariage, de l'amour et de la communication entre époux, ceux-ci risquent de connaître le dessèchement. Vous avez peut-être interdit à Dieu et à votre épouse l'accès à certains aspects de votre vie, comme par exemple la peur d'être imparfait, une profonde amertume, un amour simulé ou encore un désir de vengeance. Si vous demandez leur aide, Dieu et votre épouse peuvent vous aider à chasser ces poisons de votre âme.

Dieu souhaite que vous ayez une âme pure autant qu'un corps sain. Combien de gens très doués n'utilisent pas tout leur potentiel à cause du refoulement de leurs émotions. Ils bloquent l'expression et par conséquent, la maturation de leur émotivité. Faites un bref examen de conscience et demandez-vous si vous avez le courage de voir ce qui ne va pas chez vous. Ensuite, décidez de dévoiler à Dieu et à votre épouse vos émotions secrètes. Peu à peu, vous acquerrez la force qui vous permettra un jour de dire à votre épouse: «Chérie, dis-moi exactement ce que tu ressens à propos de moi, de toi et de tout le reste» et d'écouter ce qu'elle a à dire jusqu'au bout, sans l'interrompre. Ce jour-là, vous serez un homme, un vrai!

Nous, les hommes, nous voulons être masculins. Mais savons-nous que l'homme a, ou devrait avoir, des émotions dans son âme tout comme il a des muscles dans son corps? Tant qu'on n'a pas conscience de cela, on est tenaillé par la peur ou gonflé d'orgueil. Ouvrez votre coeur à la lumière de Dieu et à la sympathie de votre conjoint et vous serez bien vite délivré de vos ennemis intérieurs. Et dites-vous que, vous aussi, vous pouvez exprimer clairement vos émotions et avoir des relations humaines satisfaisantes.

Je vous mets au défi de pratiquer ces quelques conseils vers une communication profonde, d'abord face à vous-même et ensuite avec votre épouse. Si vous faites équipe avec elle, vous arriverez à connaître sa nature véritable. Ainsi, c'est en parlant et en vivant au niveau du coeur que vos relations avec votre épouse, avec votre famille, avec les autres et avec Dieu prendront tout leur sens.

8

Le représentant de Jésus

L a dernière phrase de I Corinthiens 2;16 exprime une pensée incroyable: *Et nous l'avons, nous, la pensée du Christ.* Dans ce passage, l'apôtre Paul explique l'attitude de son propre coeur, ainsi que l'origine de sa sagesse et de sa connaissance. En résumé, il dit ceci: contrairement à l'homme sage de ce monde, notre sagesse ne vient pas de nos expériences personnelles ou de l'étude mais plutôt de l'esprit de Dieu qui habite en nous et qui nous donne la pensée de Dieu.

Est-ce une chose possible? Nos amis non chrétiens nous considèrent très humains et nous sommes, nous aussi, bien conscients de nos limites. Qu'est-ce que Paul peut bien vouloir dire quand il affirme que *nous avons la pensée du Christ?*

Je vous ai déjà invité à ouvrir courageusement votre coeur à votre épouse. Maintenant, j'affirme que si vous ne pouvez pas y arriver, c'est parce que vous n'avez pas ouvert votre coeur ou votre esprit à Dieu. Le fond de votre problème est spirituel. Chaque chrétien, voyez-vous, a *la pensée* du Christ puisque le Christ vit en lui, mais bien des chrétiens n'ont pas encore laissé le Christ transformer leur esprit.

L'homme complet n'est pas un homme parfait; c'est un homme qui tend à la maturité, un homme qui fait des efforts, qui étudie et qui a des connaissances. Il n'est pas arrivé au but, mais il est en voie de devenir le mari dont son épouse a besoin et le père que ses enfants veulent avoir. C'est un homme qui savoure chaque instant de sa vie, car il apprend de jour en jour à devenir plus équilibré et plus conforme à l'homme total que Dieu a voulu qu'il soit en le créant.

Sans doute avez-vous déjà pensé: «Je ne peux pas être tout cela. Je ne peux pas atteindre le niveau d'amour dont vous parlez. Je ne suis pas capable d'avoir la qualité de communication dont vous parlez, ni de comprendre les miens ou de leur donner de mon temps.» Peut-être avez-vous avoué à votre épouse que vous regrettez d'avoir vécu comme vous l'avez fait. Peut-être avez-vous confessé à vos enfants que vous n'avez pas été le père que vous auriez dû être et que vous aimeriez être. Votre repentir et votre désir sont importants aux yeux de Dieu et vont Lui permettre de continuer Son travail sur vous.

Si vous vous êtes orienté sur l'idéal que Dieu a placé en vous, nul doute que votre famille a prié pour votre croissance spirituelle. J'imagine que votre épouse a remarqué que vous étiez déjà plus attentif à ses besoins. Vos fils et filles ont sans doute remarqué que «quelque chose arrivait à papa». Et tout cela vous a encouragé.

Tout ce que nous avons dit jusqu'ici sur les moyens à prendre pour devenir un homme complet tourne autour du principe de base suivant: l'homme complet est un homme spirituel. Je vais vous donner quelques caractéristiques de l'homme spirituel.

Dans I Corinthiens 2;14, Paul nous dit que *l'homme naturel n'accepte pas les choses de l'esprit de Dieu: elles sont folie pour lui. Il ne peut les comprendre, parce que c'est par l'Esprit qu'on en juge.* Bon nombre des principes que nous avons énoncés jusqu'ici sont du ressort de la psychologie, mais les principes plus profonds portant sur les relations de l'homme avec Dieu et avec autrui proviennent de la théologie chrétienne qui est l'étude de Dieu et de Sa création.

L'apôtre Paul affirme que *l'homme naturel* ne peut pas comprendre les vérités fondamentales de Dieu. Par là, il veut dire que celui qui est né de la chair et non de l'esprit est non seulement coupé de la communication avec Dieu mais il est aussi impuissant à saisir la connaissance et la sagesse de Dieu, car elles sont folie à ses yeux.

Le bon départ

Le premier pas qui mène vers le statut d'homme complet est celui de la renaissance spirituelle. *Il vous faut naître de nouveau* (Jean 3;7). Par nature, vous êtes mort spirituellement parce que *vos péchés ont mis une barrière entre vous et votre Dieu* (Isaïe 59;2). Mais Jésus entrera dans votre vie dès le moment où vous reconnaîtrez que Sa mort sur la croix est un paiement suffisant pour vos péchés et où vous Lui demanderez de venir dans votre coeur pour vous pardonner, vous purifier et habiter en vous. Ce dont la famille actuelle a le plus besoin, c'est d'un père dont le coeur est habité par le Christ.

L'homme est le chef du foyer, mais tant que le Christ n'est pas descendu en lui, il ne peut pas être le chef spirituel de ce foyer. Sans chef spirituel, la famille est sans guide spirituel et est menacée de bien des dangers. Après sa renaissance spirituelle, l'homme de la maison est habité par le Christ, qui peut alors l'aider à atteindre son idéal d'homme complet.

Ami, si vous vivez sans le Christ, vous privez votre famille de ce dont elle a le plus besoin: une direction spirituelle.

N'importe quelle épouse peut emballer tous ses biens et les jeter à la mer et pourtant se sentir encore riche et remplie du sentiment de sécurité si elle a un mari équilibré, un mari dont la vie est dirigée par Dieu, un mari qui prend soin d'elle matériellement, émotivement et spirituellement. Rien ni personne ne peut remplacer un mari et un père racheté par Dieu.

Le chef par excellence

L'homme spirituel doit ensuite se laisser mener par Dieu. Toute famille a besoin d'un père et toute épouse, d'un mari qui reçoit son orientation journalière de Dieu. Quand votre famille comprendra que vous faites la volonté de Dieu, elle contestera vos décisions avec moins de vigueur. Votre abandon à Lui augmentera leur confiance en vous, leur chef spirituel. En observant votre docilité à l'égard de Dieu les vôtres accepteront davantage votre autorité. Vous ne pouvez pas leur transmettre plus grande sagesse que celle-là.

Les jeunes enfants qui ont un père spirituel devraient demander conseil au Seigneur concernant l'orientation de leur vie et le choix de leur futur conjoint. Ils devraient acquérir l'habitude de demander l'aide du Seigneur. Les décisions basées sur le seul raisonnement ne sont pas un gage de réussite spirituelle; la vie n'est pas pleinement réussie si Dieu n'en est pas une partie intégrante.

Que toute votre famille s'habitue à prier le Seigneur ensemble avant de prendre une décision. Quant à moi, je dis toujours aux miens: «Attendons un signe du Seigneur» ou «Restons-en là et prions le Seigneur ensemble». Plus tard, je leur demanderai: «Avez-vous senti l'inspiration du Seigneur?» Surtout, je ne me mets pas à rire si l'un des plus jeunes ose dire qu'il «n'a pas entendu Dieu lui parler». Je me contente de lui répondre: «C'est très bien. Tu ne comprends pas encore, mais le Seigneur va t'apprendre. Si tu m'écoutes comme j'écoute le Seigneur, il se peut bien qu'il te parle par mon intermédiaire.»

Chez nous, l'un des moments les plus précieux est celui où tous ensemble, nous nous agenouillons pour demander au Seigneur de nous faire connaître Sa volonté. C'est passionnant de voir lequel d'entre nous va recevoir le message du Seigneur.

Monsieur le père de famille, vous pouvez tout donner à vos enfants, mais assurez-vous de donner avec le coeur de celui qui a accepté Jésus comme Sauveur et comme maître de ses pensées, de ses décisions et de ses actions.

La pause qui ranime

La troisième habitude à cultiver pour devenir un homme spirituel, c'est celle de la prière régulière. Nous aurons beau répéter à nos enfants qu'ils doivent lire la Bible et prier, le meilleur moyen de les en convaincre, c'est encore l'exemple personnel. Ne pensez surtout pas que cette responsabilité incombe à votre épouse. «Mais je voyage et je suis rarement à la maison», me direz-vous. Même si vous n'êtes pas à la maison très souvent, votre famille a besoin de vous voir prier lorsque vous y êtes. L'image de son père qui lit la Bible ou qui prie à genoux reste pour toujours gravée dans la mémoire d'un enfant.

À tous les pères de famille, je demande: «À quand remonte la dernière fois où vos enfants vous ont vu agenouillé devant votre Bible, en train de demander conseil au Seigneur?» Cette attitude de prière est une grande leçon pour un enfant! Si vous voulez devenir un père spirituel, vous devez prendre le temps de parler à Dieu et d'écouter Sa réponse à travers Sa parole. Ce n'est pas tant la durée que la régularité de cette activité qui compte. Quand votre emploi du temps vous presse de quitter votre foyer tôt le matin, je vous suggère de vous mettre à genoux et de dire au Seigneur: «Je t'offre ma journée. Même si je suis en retard, je veux m'agenouiller devant Toi avant de quitter la maison.» Dieu entendra sûrement votre prière et Il vous en récompensera.

Dieu bénit les familles dont le chef prend le temps de prier et Il fait avancer sur le chemin de la perfection ceux qui pensent à Lui chaque jour. Si, chaque matin, vous prenez le temps d'offrir votre journée à Dieu et de mémoriser un seul verset de la Bible, votre journée sera mieux réussie et vous pourrez l'alimenter plus tard d'une longue période de lecture et de méditation de la Parole de Dieu.

Votre attitude d'esprit déteint sur votre foyer. En fixant votre attention sur les vérités contenues dans la Bible, vous pensez avec l'esprit même de Dieu. Et celui qui pense comme Lui aime mieux son épouse et ses enfants parce qu'il est plus sensible à leurs besoins. Voilà pourquoi la lecture de la Bible est indispensable à celui qui veut se réaliser non seulement en tant qu'homme mais aussi en tant que mari et père de famille.

La perspicacité

Pour devenir un homme spirituel, il faut aussi connaître les besoins spirituels de sa famille. L'homme spirituel est capable de voir au-delà du visible: quand ses enfants lui parlent, il les écoute et il ressent leurs émotions. La Bible rapporte que Jésus faisait face aux gens et qu'Il les connaissait de part en part. Nous n'avons pas l'esprit du Christ mais Sa perspicacité croît en nous et nous devrions connaître de mieux en mieux ceux avec qui nous vivons.

Le père de famille qui est rempli de l'esprit de Dieu peut facilement percevoir les besoins spirituels de sa famille. Quand il sent de la frustration ou de l'irritation chez les siens, c'est un signe qu'ils ont besoin de ses conseils spirituels. Le père qui rentre à la maison après sa journée de travail doit être à l'écoute de son épouse et de ses enfants. Même si *maman* dit que tout va bien, il doit quand même mesurer chaque jour la qualité de la vie spirituelle parmi les siens.

Monsieur, êtes-vous membre d'une église vivante, où vibre l'esprit de Dieu et dans laquelle votre famille pourrait jouer un rôle actif? Sinon, vous feriez mieux de changer d'église car vous êtes responsable du progrès spirituel de votre famille. Lorsque vous voyez vos enfants aller à la dérive, c'est à vous qu'il revient de leur présenter la foi comme planche de salut. La famille a besoin d'appartenir à une église où elle peut apprendre la Parole de Dieu, elle a besoin de côtoyer le peuple de Dieu et de partager sa foi avec d'autres familles. Pour avoir une bonne vie familiale, il faut fréquenter la bonne église.

Pendant plusieurs dimanches, une famille qui appartenait à une église libérale et plutôt endormie vint nous voir. Comme ma congrégation contenait déjà 7 000 membres, je ne voulais pas en accueillir de nouveaux, mais le problème de cette famille me tenait à coeur. J'encourageai le père à se joindre avec sa famille à une église de son choix centrée sur la Bible. Il prit deux ans à se décider et il le fit seulement après que deux de ses adolescents eurent presque ruiné leur vie. Invités à donner leur témoignage un dimanche matin, lui et son épouse fondirent en larmes en déclarant: «Pasteur, nous nous sommes enfin décidés, mais je crains qu'il ne soit trop tard.»

Ce genre de procrastination est hélas trop fréquent. Sommes-nous plus préoccupés par la réaction des membres de notre église que par les besoins de nos enfants? Rappelons-nous qu'ils ont besoin de l'enseignement et de l'amitié d'un pasteur qui enseigne la Bible.

Le chef doit servir

La cinquième qualité que l'on remarque chez l'homme spirituel, c'est son habitude à rechercher les occasions de servir. L'homme spirituel qui est marié et père de famille doit chercher à servir sa famille. Je regrette d'avoir mis si longtemps à apprendre cela; je croyais que ma famille devait me servir, moi, le mari, le père, le pasteur. Le jour où il m'apparut très clair que j'avais la responsabilité de servir ma famille, toute ma vie a changé.

Le père de famille spirituel est toujours à l'affût de nouvelles occasions de servir sa famille. Je suis certain que vous souhaitez voir votre fils plus tard prendre soin de son épouse. Mais où va-t-il apprendre cela? Dans les livres? Non, en regardant vivre son père. L'Esprit-Saint accorde au père de famille le don de discernement afin qu'il puisse voir les occasions de servir son épouse et ses enfants.

Dieu m'a montré ce qu'Il attendait de moi comme serviteur de ma famille. Il m'appartient de découvrir les besoins des miens et de voir à ce que ces besoins soient satisfaits. Quant à vous, il peut s'agir simplement d'aider votre fille à faire son devoir d'algèbre. «Votre fils peut faire ça à votre place», pensez-vous. Peut-être, mais elle a besoin de plus que cela. Elle a besoin de la présence et de la chaleur de son père. Même si vous n'entendez rien à l'algèbre, cela ne fait rien, car votre fille ne vous aimera pas pour vos connaissances mais pour votre attitude d'aide.

Vous me demandez comment il est possible de concilier l'attitude de service de l'époux à l'égard de l'épouse et le fait qu'elle doive lui être soumise. Si vous voulez que votre épouse vous soit soumise, mettez-vous à son service (*et non le contraire*) en satisfaisant ses besoins; exercez votre autorité de chef de famille et laissez à Dieu le soin de régler l'aspect de sa soumission.

La disponibilité

La sixième caractéristique de l'homme spirituel est sa capacité de partage. Étant de nature généreuse, il désire donner de lui-même sans rien attendre en retour. C'est la joie de donner qui le pousse à se donner à sa famille.

Depuis que mes enfants sont jeunes, j'essaie chaque soir de causer et de prier brièvement avec eux avant l'heure du coucher. Maintenant qu'ils ont grandi et sont devenus des adolescents, nous avons conservé la même habitude, bien que nos rencontres durent aujourd'hui beaucoup plus longtemps et soient plus compliquées. À cause de mon emploi du temps, je saute parfois un soir, mais je fais tout pour éviter cela. Le fait d'écouter mes enfants et de prier brièvement avec eux avant qu'ils ne s'endorment revêt pour moi un caractère très spécial. Parce qu'ils sont détendus et qu'ils se sentent disposés à faire des confidences, ils disent souvent des choses à ce moment-là qu'ils ne diraient pas à un autre moment. Et ma présence auprès d'eux vaut pour eux autant que si je leur disais: «Je m'intéresse à toi. Je me soucie de toi. Je t'aime.»

Un de mes amis est pasteur et est issu d'une famille de sept enfants. Quand il était jeune, son père, un pasteur lui aussi, était très occupé et absent de la maison soir après soir. Mais cet ami m'a confié que, même si son père entrait très tard à la maison, il s'agenouillait près du lit de chaque enfant pour prier. Combien de fois ne s'était-il pas lui-même allongé discrètement dans son lit en faisant semblant de dormir et n'avait-il pas entendu son père prier pour lui à voix basse. La présence de son père pendant ces brefs moments le rassurait toujours. Souvent aussi, durant le jour, l'image mentale de son père agenouillé près de son lit empêchait Satan d'entrer dans sa vie. Est-il surprenant de constater que tous ces enfants aujourd'hui sont bien mariés et que quatre des cinq garçons sont pasteurs?

Le don de nous-même à notre famille est du temps bien employé et sûr de nous valoir une riche récompense. *Ce que l'on sème, on le récoltera* (Galates 6;7). Rappelez-vous que l'on récolte ce que l'on a semé, que l'on récolte plus que l'on a semé et *après* avoir semé. Ce qui est vrai pour la vie agricole l'est aussi pour la vie familiale.

Il est souhaitable que le père de famille non seulement se donne à sa famille mais qu'il apprenne à partager sa foi avec d'autres. Celui qui explique à sa femme et à ses enfants la façon dont le Seigneur s'est servi de lui pour amener quelqu'un au Christ fait plus pour inciter ces derniers à donner leur propre témoignage que tous les cours mis ensemble. De plus, c'est le souvenir d'un père tout en Dieu qui poussera les enfants à copier ses attitudes et ses actes.

Par l'exemple et par la parole, nous devrions enseigner le plus tôt possible à nos enfants à donner de l'argent à Dieu par l'intermédiaire de l'église, pas seulement pour aider celle-ci à boucler son budget mais comme un acte d'amour pour Dieu et pour obéir à Sa parole. L'argent est un élément important dans la vie de chacun; par conséquent, il est important que les enfants apprennent à gérer un budget et cet enseignement revient au père de famille.

Apprendre à donner à Dieu peut devenir une affaire familiale intéressante. Le fait de reconnaître l'existence d'un besoin financier et de contribuer sa part tout en priant Dieu de satisfaire ce besoin peut constituer pour la famille une expérience intéressante et servir d'enseignement tant spirituel que financier aux enfants.

Il est vrai que bien des familles ne peuvent éviter les difficultés financières mais Dieu nous donne la force de persévérer et de nous en sortir si nous donnons à l'église. Le père de famille qui paie sa dîme contribue au bien-être financier et spirituel de sa famille.

Le gardien spirituel

Le dernier point que je veux mentionner à propos de l'homme spirituel, c'est qu'il a en horreur tout ce qui menace le bien-être de sa famille. Il surveillera le genre d'émissions de télévision que ses enfants regardent. Il désapprouvera les livres de mauvais goût et les farces qui comportent des paroles méchantes ou impures. Il se souviendra toujours que ce qui entre dans l'esprit d'un individu y reste et contribue à l'élever ou à le dégrader. Il sait que s'il ne protège pas sa famille contre les forces destructrices de la société, personne ne le fera à sa place.

Parfois, l'homme spirituel peut sembler trop strict; aussi essaiera-t-il de garder un bon équilibre. D'un coeur aimant, il corrigera chez les siens les attitudes et les habitudes qui pourraient briser l'harmonie du foyer. Il n'agira pas en gendarme qui épie chaque mouvement des uns et des autres, mais comme un père aimant qui veut le bien de sa famille.

Sans doute vous demandez-vous comment un homme peut assumer toutes ces responsabilités. Par lui-même, il ne le peut pas et comme personne n'est parfait, cela restera toujours un idéal à atteindre. Mais en procédant de la bonne façon, il est possible d'accomplir beaucoup plus que l'on aurait d'abord pensé.

Voulez-vous vraiment être pour votre épouse l'époux dont elle a besoin? Voulez-vous vraiment être pour vos enfants le père dont ils ont besoin? Si vous avez lu ce livre jusqu'ici, je pense que oui. Mais vous vous demandez peut-être par où commencer.

Commencez là où vous êtes rendu. Si vous n'avez jamais reçu Jésus-Christ dans votre coeur par le repentir et par la foi, commencez par cela. Voici ce que nous dit l'Écriture: *Si donc tu professes tout haut que Jésus est Seigneur, et si dans ton coeur, tu crois que Dieu L'a ressuscité des morts, tu seras sauvé. C'est en croyant dans son coeur qu'on obtient la justice, et en professant en parole qu'on parvient au salut* (Romains 10;9-10). Le premier pas à faire pour devenir un homme complet, c'est-à-dire le mari aimant et le père dévoué dont votre famille a besoin, c'est de demander à Jésus Sauveur et Seigneur de venir en vous. La Bible affirme que dès le moment où vous ferez cette demande, l'Esprit-Saint descendra en vous et y demeurera à jamais, agissant comme votre guide, votre professeur, votre réconfort et votre puissance. Pour connaître la révélation de Jésus à ce sujet-là, lisez les chapitres 14 à 16 dans saint Jean.

Dieu a promis d'être le fidèle soutien des maris et des pères de famille; avez-vous mis votre confiance en Lui? Est-ce que, chaque jour, vous lisez votre Bible, vous priez et vous obéissez à la parole de Dieu? Vous n'amasserez pas de trésors spirituels sans nourrir votre âme et exercer votre esprit. Commencez par là si c'est là que vous êtes rendu. Si vous avez besoin d'encouragement pour marcher dans les voies du Seigneur, demandez-Lui de vous donner un compagnon de route, que ce soit votre épouse ou un ami chrétien. Cherchez, demandez et frappez avec persévérance, et Dieu vous ouvrira les portes de la prospérité et du pouvoir spirituels.

Messieurs les maris, je vous promets que si vous faites un pas en direction de Dieu aujourd'hui même. Il vous aidera à faire les autres pas qui vous mèneront à votre statut d'homme complet et de chef de famille vivant dans le Seigneur.

Une main de fer
dans un gant de velours

Ce livre enseigne aux hommes à être des hommes! Une époque aussi critique que la nôtre requiert des hommes de tête, sensibles, pleins de bonne volonté... des hommes qui éprouvent du plaisir à travailler... des hommes de courage et d'honneur.

Ce livre vous apprendra à vous maintenir en tant que chef de famille tout en gagnant le respect de votre femme et de vos enfants; il ouvre la voie à la plus grande satisfaction qu'un homme puisse connaître, sa masculinité.

$11,95

En vente chez votre libraire ou à la maison d'édition:

Les Éditions «Un Monde Différent» Ltée
1875 Panama, Local B
Brossard, Québec, Canada.
J4W 2S8

Je vous défie!

Ce livre n'est pas un livre ordinaire. Il s'agit d'un modèle de vie pratique, écrit à partir de l'expérience personnelle très riche d'un pionnier du monde des affaires. C'est le défi que la jeunesse actuelle attend, en même temps qu'un plan d'action concret pour tous ceux qui veulent aller quelque part, être quelqu'un et se rendre utiles dans la vie.

JE VOUS DÉFIE! s'adresse aux quelques audacieux qui veulent aller loin. Ceux qui ont peur de relever le défi feront aussi bien de laisser ce livre de côté. Il agacera les paresseux parce qu'il demande une action immédiate. Il ennuiera les esprits sophistiqués et amusera les sceptiques. Il en contrariera d'autres; certains ne sauront même pas de quoi il s'agit.

Ce livre exige du courage et de l'audace. Mais dans vos yeux, à vous qui êtes un des champions, apparaîtra, j'en suis sûr, un renouveau de motivation à mesure que vous le lirez. Vous pouvez vous surpasser et c'est ce que je vais vous prouver.

$10,95

En vente chez votre libraire ou à la maison d'édition:

Les Éditions «Un Monde Différent» Ltée
1875 Panama, Local B
Brossard, Québec, Canada.
J4W 2S8

Achevé d'imprimer à Montmagny
par les travailleurs des ateliers Marquis Ltée
le 14 mai 1981

Imprimé au Canada